ACCESO GRATIS *a la Lectura en la Nube*

Para visualizar el libro electrónico en la nube de lectura envíe junto a su nombre y apellidos una fotografía del código de barras situado en la contraportada del libro y otra del ticket de compra a la dirección:

ebooktirant@tirant.com

En un máximo de 72 horas laborables le enviaremos el código de acceso con sus instrucciones.

UNA MIRADA CINEMATOGRÁFICA SOBRE EL CONSENTIMIENTO SEXUAL

Ana Valero Heredia

UNA MIRADA CINEMATOGRÁFICA SOBRE EL CONSENTIMIENTO SEXUAL

CINE Y DERECHO

tirant lo blanch
Valencia, 2025

En caso de erratas y actualizaciones, la Editorial Tirant lo Blanch publicará la pertinente corrección en la página web www.tirant.com.

El presente libro se ha realizado en el marco del Proyecto de invistigación "La pornografía como asunto constitucional", SBPLY/21/180501/000116, cofinanciado por la Junta de Comunidades de Castilla-La Mancha y la Unión Europea a través del Fondo Europeo de Desarrollo.

Codirectores:

JAVIER DE LUCAS

Catedrático de Filosofía del Derecho

FERNANDO FLORES

Profesor Titular de Derecho Constitucional

EDITA: TIRANT LO BLANCH
C/ Artes Gráficas, 14 - 46010 - Valencia
TELFS.: 96/361 00 48 - 50
FAX: 96/369 41 51
Email:tlb@tirant.com
www.tirant.com
Librería virtual: www.tirant.es
DEPÓSITO LEGAL: V-4245-2025
ISBN: 979-13-7010-581-5
MAQUETA: Tink Factoría de Color

Si tiene alguna queja o sugerencia, envíenos un mail a: *atencioncliente@tirant.com*. En caso de no ser atendida su sugerencia, por favor lea, en *www.tirant.net/index.php/empresa/politicas-de-empresa* nuestro procedimiento de quejas.

Responsabilidad Social Corporativa: http://www.tirant.net/Docs/RSCTirant.pdf

A Diego

Índice

Prólogo		11
1	Introducción: la sombra del consentimiento sexual es alargada	21
2	El consentimiento, ese término en disputa	25
3	El espejismo del consentimiento afirmativo como instrumento definitivo contra la violencia sexual	31
4	El hombre propone, la mujer dispone	41
5	Desenmascarando a Venus: mitos que perduran	59
6	El consentimiento en revisión	83
7	Consentir es querer, no necesariamente desear	95
8	¿El yugo del poder?	113
	8.1. Donde el sí no existe	114
	8.2. ¿Débito sexual afectivo?	141
	8.3. El juego sucio del dominio	152
9	Anatomía de la violencia y el poder	173
10	Epílogo	183
11	Bibliografía	187

Prólogo

¿Qué podría enseñarnos el cine acerca de un concepto, el consentimiento, que forma parte nuclear del corpus jurídico moderno y de sus categorías fundamentales? El derecho, a diferencia del arte, necesita definiciones generales, conceptos precisos, fronteras nítidas y distinciones claras entre las cosas. Y, según un discurso imperante que se ha ido abriendo paso en las últimas décadas, la noción de consentimiento sexual reúne ya, de forma especialmente exitosa, esas virtudes pues, dada su claridad, su simplicidad y su auto evidencia, aplicarlo a las relaciones sexuales humanas permite distinguir fácilmente el sexo de la violencia sexual. ¿Pero son realmente las cosas así de simples?

Aunque ese discurso de la claridad del consentimiento se enarbole muy a menudo en nombre del feminismo, basta asomarse a los debates abiertos en el interior de la teoría feminista desde los años ochenta del pasado siglo para comprobar que si algo no ha sido precisamente el consentimiento es un concepto claro y evidente. Como muestra Ana Valero en estas páginas, no se puede simplificar en una sola postura lo que el feminismo dice sobre el consentimiento, pues éste ha sido, precisamente, un campo de disputa lleno de desacuerdos y discrepancias. Sin embargo, más allá de las distintas posiciones que unas y otras corrientes feministas han defendido con respecto al valor de este concepto, cabe decir que las teóricas feministas nunca se han acercado a esta cuestión sin precauciones, sospechas y alertas. Y ello, precisamente, porque, al contrario de lo que se repite hoy desde instituciones, gobiernos y organizaciones, lo que encierra la palabra consentimiento es una gran oscuridad. El feminismo ha localizado en el consentimiento un problema en la medida en la que es el propio concepto el que encierra una polisemia, una plasticidad semántica, una endiablada maleabilidad significativa, una capacidad de referirse tanto lo uno –la libertad– como a su contrario –la sumisión–. "Aparentemente –afirma Tamar Pitch– fundar la libertad sexual en el consentimiento parece no solo el modo justo, sino también el único. La violencia empieza donde no hay consentimiento. [...] El problema reside precisamente en la dificultad de definir el 'consentimiento'"[1]. Si, como afirma Altuzarra Alonso, estamos ante un concepto "susceptible de ser llenado con diferentes interpretaciones"[2], si "no hay una única forma válida de consentir o de interpretar el consentimiento"[3], entonces tomar esta noción como evidente es, precisamente, lo que deja inalterada su oscuridad o, peor aún, lo que asegura que legitimemos algunos de sus sentidos posibles de manera inadvertida e inconsciente. Si asumimos las dificultades sobre las que ha alertado el feminismo, la única forma de arrojar luz sobre el consentimiento es explorando sus sombras. Y es entonces, ahora sí, cuando el cine tiene algo que aportar. Al mostrar los territorios más grises de la violencia y el uso del poder, el carácter contradictorio del querer de los sujetos o la posibilidad de que existan malentendidos sobre el consentimien-

1 Pitch, T. (2003). *Un Derecho para Dos. La construcción jurídica de género, sexo y sexualidad*. Madrid: Trotta, p. 209.

2 Alonso, Altuzarra I. (2023). "El consentimiento sexual en el Código Penal español: indefiniciones y sombras de su construcción político-jurídica a través de la Ley de Garantía integral de la libertad sexual" en Oñati socio-legal, Vol. 13, Nº. Extra 6, 1: 318-346, p. 22.

3 Ibid., p. 19.

to, la mirada cinematográfica puede poner sobre la mesa una serie de complejidades que, a su vez, conducen una conclusión jurídicamente relevante: es imprescindible analizar, delimitar, definir o acotar lo que entendemos por consentimiento.

A lo largo de estas páginas, Ana Valero se sirve de algunas obras cinematográficas para plantear los interrogantes y los problemas que deben ser abordados. Uno de ellos remite a la posibilidad de que, precisamente en un mundo patriarcal, el consentimiento signifique diferentes cosas para las mujeres y para los hombres, es decir, que el propio concepto esté atravesado por el género. No debería sorprendernos que esa haya sido una de las alertas señaladas desde la teoría feminista. Es la cultura patriarcal la que prescribe comportamientos y roles diversos para los hombres y para las mujeres. Si los hombres deben ocupar siempre una posición activa y dominante y las mujeres no pueden mostrarse sexualmente deseantes ¿qué entendemos unos y otras por consentir? Si el derecho penal sexual tradicional ha partido de la asunción de que las mujeres deben resistirse inicialmente a las proposiciones sexuales masculinas ¿cómo se prueba o se demuestra su falta de consentimiento? Es justamente el patriarcado el que nos ha instalado en una cultura relacional en la que resulta especialmente difícil la comunicación sexual. Obviamente esa histórica prescripción de recato y castidad femenina por la que se ha obligado a las mujeres a mostrar siempre un rechazo inicial en el cortejo, es la que ha servido de coartada y autorización a los hombres para tomar como falsos los noes de las mujeres. En esas condiciones no solo el silencio sino, incluso, una cierta resistencia es compatible con el consentimiento, lo cual ha amparado un injusto requisito de resistencia por el cual si una mujer no se resiste violentamente, entonces "consiente". Como ha señalado el feminismo, el concepto de consentimiento no está en estos casos sino amparando una cesión y encubriendo, por tanto, la violencia.

Pero el problema es aún más intrincado. Porque, más allá de que esta cultura sexual legitime la violencia y autorice la coacción consciente y deliberada de algunos hombres, contribuye también a la incomunicación sexual real. Es decir, una educación patriarcal predispone a los hombres y, especialmente a los chicos jóvenes, a no entender a las mujeres. Por eso una de las grandes cuestiones que sobrevuela los debates del consentimiento tiene que ver con un problema educativo y pedagógico. ¿Qué debe hacer el derecho si el patriarcado dificulta la comprensión entre las partes? ¿Debe la ley asumir un papel educativo proponiendo nuevas reglas culturales? ¿Podemos educar a través del castigo? En cierto modo, la contractualización del sexo, es decir, la exigencia de preguntas explícitas y síes verbales, pretende enfrentar este problema. Sin embargo, esta aparente solución, como demuestra Ana Valero, está a su vez llena de problemas.

Como he defendido en *El sentido de consentir*, desde un punto de vista filosófico, el problema del consentimiento remite a dos cuestiones fundamentales: su relación con el deseo y su relación con el poder. ¿Es el consentimiento necesariamente la expresión del deseo? ¿Puede haber consentimiento sin deseo? ¿O incluso contra el deseo? Por otra parte, ¿Qué relación tiene el consentimiento con el poder? ¿Se puede consentir en condiciones de desigualdad? ¿Es el poder algo que vicia e invalida el consentimiento? Estas preguntas han articulado los debates feministas y recorren también el análisis que lleva a cabo Ana Valero en estas páginas. Si son las preguntas adecuadas que debemos hacernos es, justamente, porque nos llevan a desenmarañar un problema, a desbrozar esa maleza que puede estar encerrada bajo la etiqueta de "consentimiento sexual".

Vincular el consentimiento al deseo es una forma posible de conceptualizarlo de un modo más exigente que la mera referencia a la voluntad. En esa perspectiva, solo un consentimiento entusiasta, desiderativo y placentero sería válido. Ahora bien, en el ámbito del derecho el consentimiento nunca ha implicado la necesidad del deseo. No se exige que el consentimiento para una operación quirúrgica, para una interrupción del embarazo, para una boda o para un divorcio sea entusiasta y gozoso. La ley no pide esa adhesión psíquica al sujeto para reconocer la validez de su querer. Por ello, si en la esfera de la sexualidad el consentimiento hubiera de ligarse necesariamente al deseo –como proponen algunos feminismos– estaríamos, de hecho, restringiendo y estrechando el concepto. ¿Pero a qué coste? ¿Y hasta qué punto tiene la ley ese poder para penetrar en el interior de los sujetos? Como analiza Ana Valero en diferentes pasajes del libro, la relación entre consentimiento y deseo es problemática.

A partir de su lectura de la película *La Condanna* (1991) de Marco Bellocchio, la autora recuerda que ha sido precisamente la apelación al deseo de las mujeres la que ha permitido a muchos hombres invalidar su consentimiento. Si algo caracteriza a la cultura patriarcal que hemos heredado –y que sigue operando hoy– es la infravaloración del "no" femenino. La voluntad negativa de las mujeres se interpreta como si estuviera afectada por un déficit de veracidad, como si contuviera una falsedad que la deslegitima. En esa lógica, detrás del rechazo femenino se escondería un deseo más verdadero, un deseo oculto que los hombres se arrogan el derecho de descubrir y satisfacer.

Algunos feminismos, frente al prejuicio patriarcal que sostiene que cuando una mujer dice "no" en realidad desea el sexo, han respondido afirmando que las mujeres nunca desean aquello a lo que no consienten. Este camino, sin embargo, resulta también problemático, porque impide reconocer a las mujeres como sujetos complejos, atravesados por contradicciones y por la opacidad que caracteriza tanto al deseo como al inconsciente. Como muestran algunas de las obras comentadas por la autora –*Elle* (2016) de Paul Verhoeven o *La pianista* (2001) de Michael Haneke– el deseo no es un elemento puro e incontaminado, no es ajeno al poder y no es decidido por el propio sujeto. El deseo, en definitiva, es perfectamente compatible con la coacción y la violencia. ¿En qué sentido puede entonces ser un criterio delimitador? Es posible que deseo y consentimiento no coincidan, y probablemente muchas personas reconozcan que en ocasiones han dicho que no a relaciones sexuales que, sin embargo, deseaban. Por eso, la respuesta más contundente frente a la actitud patriarcal de invalidar el "no" de las mujeres no consiste en negar la posible disonancia entre deseo y voluntad, sino en reivindicar la validez de la voluntad más allá, incluso, de los deseos.

En este punto, sin embargo, algunos feminismos responderían que, justamente para protegernos de un concepto de consentimiento demasiado lazo y difuso, el consentimiento es un criterio insuficiente y ha de venir acompañado de deseo. En este caso se defendería que para que la ley valide los encuentros sexuales las mujeres deben querer tener sexo voluntariamente y, a la vez, desearlo. De algún modo esto es lo que pretende llevar a cabo la doctrina positiva del consentimiento que no es sino la propuesta de redefinir el consentimiento haciendo del deseo erótico, del placer o del consentimiento, algunas de sus características necesarias. De nuevo, la cosa es más compleja de lo que parece pues ¿cómo podría la ley demostrar la existencia del deseo? Como muestra Valero a partir de la película *How to have sex* (2023), si de lo que se trata es de identificar y combatir el sexo "no deseado", de nada sirve buscar formas más explícitas o contractuales: se puede decir "sí" claramente a un sexo indeseado y desagradable. En efecto, muchas mujeres consienten a relaciones que no desean, pero es que, ante ese problema, el consentimiento no es la solución. Una mayor protocolización de la relación sexual no puede garantizar nunca el carácter gozoso, placentero o satisfactorio de un encuentro. Pretender que el contrato asegure la felicidad o el goce revela una confianza ingenua en la ley y en sus herramientas, que se muestra claramente insuficiente.

Si la voluntad puede no coincidir con el deseo y la noción de consentimiento sexual ha de estar ligada a la voluntad (como lo está toda otra forma de consentimiento fuera del campo dela sexualidad), entonces es necesario afirmar que se puede consentir a relaciones no deseadas, insatisfactorias o incluso dañinas. Otorgar a los sujetos la capacidad de consentir es, en definitiva, reconocerles la capacidad de decidir asumiendo los riesgos que acompañan a toda decisión. Podemos consentir experiencias desagradables y también podemos consentir a situaciones que creemos que serán placenteras y que, sin embargo, no lo resultan. Ese margen de error, de incertidumbre y de riesgo, acompaña a la libertad misma que implica toda decisión.

Por ello, el discurso del feminismo de la dominación, que tiende a concebir el sexo como un campo permanentemente amenazado por el peligro y pretende "vacunarlo" de toda forma de riesgo, acaba negando el consentimiento de las mujeres. Como sostiene Ana Valero, esa postura infantiliza a las mujeres, pues precisamente eso es lo que hacemos con los niños: no reconocerles aún la capacidad de consentir porque entendemos que no están en condiciones de asumir los riesgos de sus decisiones.

El abordaje que la autora hace sobre la infancia resulta iluminador. El consentimiento aparece como un concepto especialmente problemático para ciertos sujetos –como los niños– y es en esos límites donde mejor se revelan los riesgos que acompañan al acto de consentir. De este modo se abre la segunda cuestión filosófica fundamental: la relación entre consentimiento y poder, y entre consentimiento y violencia. Para un adulto, no toda relación de poder implica necesariamente una violencia capaz de invalidar el consentimiento. En cambio, en el caso de los niños entendemos que ambas cosas convergen: las desigualdades de poder entre un niño y un adulto son tan grandes que ese poder basta para invalidar el consentimiento, es decir, el poder de un adulto sobre un niño es un poder coactivo y de esa asociación depende la protección de la infancia.

La pregunta que sigue pendiente es en qué medida pueden separarse los conceptos de violencia y de poder cuando hablamos de sujetos adultos. El derecho necesita delimitar una noción de violencia o coacción que no pueda identificarse sin más con la mera existencia de desigualdad o de poder, pues resulta difícil imaginar relaciones humanas enteramente libres de toda relación de poder. Si el poder es ubicuo y estructural, asumir que el poder invalida el consentimiento, implica asumir un total paternalismo de la ley y una negación de la libertad sexual de las mujeres.

Ahora bien, sería demasiado simple sostener que poder y violencia nunca se tocan, que no tienen nada que ver. Como reveló el movimiento Me Too, que nació de denuncias contra directores de cine que ejercían su poder e influencia sobre actrices y trabajadoras del mundo cultural, en un mundo patriarcal, los hombres ocupan posiciones de poder. Si los hombres están en condiciones de abusar de la autoridad que acumulan en un mundo desigual, emerge con especial claridad la problemática de un uso abusivo del poder. Ana Valero dedica la parte final del libro a explorar este interrogante con la atención que merece y lo hace mostrando que la cuestión es la de qué tipos de usos o abusos del poder deben considerarse ya como vicios del consentimiento. Ello implica entrar en un terreno lleno de matices y distinciones sutiles. En este sentido, como evidencia la autora, el concepto de prevalimiento ocupa un lugar clave: designa el abuso de poder, la explotación de la vulnerabilidad o de la dependencia de un sujeto por parte de otro que ostenta una posición de superioridad, y que debe considerarse suficiente para invalidar el consentimiento.

La pregunta ante las que nos arroja nuestro momento actual es la de si el derecho puede describir estos contextos como "especiales" o "particulares", entendiendo que en ellos existe no simplemente poder, sino una determinada utilización o abuso del poder y, por tanto, no tanto desigualdad sino más bien prevalimiento, explotación o abuso. La otra opción es la de considerar que el profesor, el empresario, el padre, el adulto que abusan de su poder no son casos especiales sino ejemplos paradigmáticos de la masculinidad como tal y, por tanto, de una masculinidad inevitablemente abusiva y violenta. Esta, que es la perspectiva de algunos feminismos, implica unas consecuencias política, ética y jurídicamente determinantes que, para algunas feministas, entra las que me incluyo, deben ser seriamente discutidas. Y ello, fundamentalmente, porque, en el fondo, suponen una total renuncia a la posibilidad de la libertad (también sexual) de las mujeres en este mundo y una apuesta por la protección como mal menor en el que nos queda consolarnos.

Ana Valero, en cambio, defiende que el derecho no debe negar la agencia de las mujeres, demostrando que es entrando en las cuestiones complejas y en los terrenos grises del consentimiento –esos que el cine nos ayuda a iluminar– como el derecho puede reconocer las dificultades y convertirse en un derecho mejor. De lo que venimos es de una ley penal que ha negado la validez de la voluntad de las mujeres, condición necesaria para legitimar el control masculino del cuerpo femenino. Nos toca devolver a las mujeres esa agencia arrebatada durante siglos y milenios, y ello implica reconocer a las mujeres como sujetos sexuales, es decir como sujetos de la voluntad y como sujetos con deseo. Y para ello nos hace falta el concepto de consentimiento. Ahora bien, nos toca aclarar qué precisa noción o concepción de consentimiento es aquella que puede servir para llevar a cabo esta tarea, siendo conscientes de que bajo la palabra consentimiento, convertida en todo un eslogan de nuestra época, se esconden profundos debates y se encierran proyectos jurídicos y políticos de consecuencias radicalmente diferentes para las vidas de las mujeres. Este libro, sin duda, contribuye a que podamos pensar colectivamente mejor sobre ello.

Introducción: la sombra del consentimiento sexual es alargada

El consentimiento sexual ha sido y sigue siendo un concepto poco pacífico. Pese a que, dentro del feminismo, su virtualidad y alcance han sido debatidos desde hace décadas, son pocos los años desde que la contienda ha trascendido las fronteras del debate teórico y académico para llegar a la conversación pública, cultural y al ámbito legislativo, especialmente en España. Frente al "prohibido prohibir" de la revolución sexual de los años sesenta, manifestado en contra del clima de represión impuesto por una moral pública de ascendencia eminentemente católica, en la última década hemos comenzado a preguntarnos si la libertad sexual tiene límites y cuáles son éstos. Las consecuencias no siempre positivas de la "liberación sexual" y los riesgos que la propia sexualidad conlleva, fundamentalmente para las mujeres y los jóvenes, está en la base de las más recientes reformas penales en distintos países europeos.

Dichas reformas son producto de la traslación a la legislación penal de las tesis del feminismo mayoritario e institucionalizado –el llamado feminismo radical–, que ha conducido a la generalización de un modelo de consentimiento, el afirmativo, que pretende ser la fórmula idónea para acabar con la violencia sexual ejercida contra las mujeres. En Estados Unidos, país del que emana este modelo, su introducción, primero en las normativas disciplinarias de los campus universitarios y, después, en las leyes penales, se remonta a los años noventa del pasado siglo. Sin embargo, en España, han sido el caso de "La Manada" y el estallido del *#MeToo* los detonantes de la aprobación de la Ley Orgánica 10/2022, de 6 de septiembre, de Garantía Integral de la Libertad Sexual, que sigue la senda estadounidense. Frente al modelo imperante en el paradigma sexual actual, otro sector más minoritario del feminismo y una buena parte de la doctrina penalista, se manifiestan en su contra por ser un instrumento que perpetúa los estereotipos de género, que eterniza a la mujer en un rol pasivo en el ámbito de la sexualidad, y que propugna un exceso de punitivismo de incursión moralista, en este caso "de género", que conlleva, de manera injustificada, la expansión del concepto de violencia sexual.

Sea como fuere, el consentimiento sexual es tendencia y sobre él parece haberse posado la atención no solo de las conversaciones feministas y del debate jurídico sino también la actualidad del relato cinematográfico, protagonizado principalmente por mujeres cineastas. Ellas han tomado el mando en las producciones audiovisuales que hablan sobre la violencia sexual y el consentimiento. Así, frente al tradicional protagonismo de la mirada masculina, que no cuestionaba la violencia sexual contra las mujeres sino que se limitaba a visibilizarla como un hecho material inevitable en la vida de éstas, las directoras contemporáneas la complejizan y muestran las aristas del consentimiento en sus creaciones.

Las narrativas cinematográficas actuales rompen con la idea del violador como un psicópata o criminal que agrede a la mujer empleando la fuerza. El agresor ahora es una persona conocida por la víctima, con la que ella ya tiene o ha tenido una relación de tipo afectivo o sexual o de amistad, un compañero de universidad o de trabajo, un padre de familia, y una persona generalmente respetada por su comunidad. En todos estos contextos, dilucidar si ha concurrido o no el consentimiento no es una tarea fácil, y de ello se hacen eco las múltiples películas y series que han aparecido en cartelera en los últimos años.

La sexualidad es inaprensible, está colmada de intimidad, de simbolismo y de señales no siempre precisas. En consecuencia, el lenguaje sexual es un terreno minado para la racionalidad y la claridad. A ello debe sumarse que los roles de género juegan un papel fundamental en la conformación de expectativas y actitudes tanto en el acercamiento como en la propia interacción sexual. Por tanto, el consentimiento sexual y los criterios que deben configurarlo distan mucho de poder ser definidos y valorados de un modo previo, general e inequívoco.

Cabe preguntarse ¿qué se debe consentir?, ¿cómo se espera que se exprese dicho consentimiento?, ¿qué acciones se requieren para su consecución? ¿debe haber o no señales explícitas y verbales antes y durante una relación sexual?, ¿éstas deben ser continuadas durante toda la relación?, ¿las señales son válidas en contextos de relaciones de poder? Frente a planteamientos reduccionistas que apelan a fórmulas verbales claras para desligar el sexo de la violencia, las cuestiones planteadas, y otras muchas, están presentes en el cine y en las series más recientes. Al estudio y comprensión de algunas de ellas se consagra el presente libro.

El consentimiento, ese término en disputa

Qué duda cabe que los movimientos feministas han sido protagonistas en la promoción de las reformas legales necesarias para que el consentimiento se convierta en el elemento estructural de la configuración de los delitos contra la libertad sexual. Sin embargo, el camino recorrido no ha venido exento de discrepancias en su propio seno. La sexualidad de las mujeres es la cuestión que más divergencias ha generado a lo largo de la historia en el interno de los movimientos feministas, remontándose la disputa al siglo XIX. Pero es, sobre todo, en los años setenta del pasado siglo cuando se recrudece para reaparecer, con más fuerza si cabe, en la actualidad. El tradicional enfrentamiento de las posiciones feministas en torno a cuestiones como la pornografía, la prostitución o el sadomasoquismo, tiene como telón de fondo la díada "peligro y placer" y una fuerte discordancia en torno al alcance y los límites del consentimiento sexual.

Las llamadas *Sex Wars* estadounidenses de los años setenta del pasado siglo, tan bien representadas en la fantástica serie *The Deuce* (2017-2019) de David Simon, enfrentaron al "feminismo radical", en el que se ubican las posturas "abolicionistas o antisexo", y al que aquí llamaré "feminismo disidente", que incluye al "feminismo *pro-*

sex"[1]. Para las primeras, la sexualidad de las mujeres y su representación se mide desde el peligro, mientras que, para las segundas, desde el placer y la liberación sexual. La disputa fue sintetizada por Carole S. Vance en 1984 en su relevante obra *Placer y peligro: explorando la sexualidad femenina*, que recopila los artículos presentados por distintas autoras en la Conferencia Feminista de 1982. En su artículo "El placer y el peligro: hacia una política de la sexualidad", Vance planteaba, ya por entonces, que en la vida de las mujeres la tensión entre el peligro y el placer sexual es muy poderosa: "la sexualidad es, a la vez, un terreno de constreñimiento, de represión y peligro, y un terreno de exploración, placer y actuación. Centrarse solo en el placer y la gratificación deja a un lado la estructura patriarcal en la que actúan las mujeres; sin embargo, hablar solo de la violencia y la opresión sexuales deja de lado la experiencia de las mujeres en el terreno de la actuación y la elección sexual y aumenta, sin pretenderlo, el terror y el desamparo sexual con el que viven las mujeres"[2].

El feminismo radical defendió desde entonces la idea de que la opresión femenina en la sociedad patriarcal está fundada en la sexualidad, la cual deviene un espacio de permanente peligro para

1 Aquí emplearé el término "feminismo disidente" para referirme a las corrientes dentro del feminismo que cuestionan o critican los postulados del feminismo hegemónico o mayoritario, que sería el radical. No es posible, por el formato de la presente publicación, hacer un desarrollo exhaustivo de las distintas corrientes existentes dentro de estos dos grandes bloques. Baste la siguiente nota para indicar que la terminología empleada, lejos de tratar de prescindir del pluralismo de visiones dentro de los feminismos, solo pretende simplificar la exposición.

2 Vance, Carole S. (1984): "Pleasure and Danger: Toward a Politics of Sexuality", In *Pleasure and Danger: Exploring Female Sexuality*, Carole S. Vance (ed), Boston: Routledge & Kegan Paul, pp. 1-28.

las mujeres. Una visión sobre la sexualidad heterosexual y binaria en la que se concibe a todos los hombres como potenciales agresores, pues el apetito sexual masculino contendría la negación de la subjetividad y autonomía en la mujer, y a todas las mujeres como víctimas perpetuas. Una de sus más destacadas autoras es Catharine McKinnon, que sostiene que solo es posible consentir a partir de una negociación autónoma e igualitaria, algo que no se da en la sociedad patriarcal donde la supremacía masculina y la falta de poder de las mujeres impide a éstas hacer elecciones realmente libres. Según la jurista norteamericana, el consentimiento de las mujeres a menudo está moldeado por la desigualdad de género, lo que hace difícil diferenciar entre sexo consentido y coerción[3]. Dichas tesis son reafirmadas en su reciente libro, *Le Viol Redèfini: Vers L'egalitè, Contre Le Consentement*, de 2023, en el que ratifica que el consentimiento no tiene el poder mágico de cambiar una situación abusiva en una elección libre y autónoma. Consentir es necesariamente ceder"[4]. El consentimiento no es otra cosa, según la autora, que "la adaptación multifacética de las mujeres a la desigualdad que con frecuencia se resignan a tener relaciones sexuales indeseadas porque la resistencia es imposible, inútil e incluso peligrosa. Por lo tanto, el consentimiento es una herramienta jurídicamente inadecuada para lograr la igualdad de derechos entre ambos sexos"[5]. Mantienen posiciones similares autoras como

3 MacKinnon, Catharine (1979): *Sexual Harassment of Working Women*, Massachusetts: Yale University Press y MacKinnon, Catharine (1999): *Hacia una teoría feminista del estado, Valencia: Cátedra* y MacKinnon, Catharine (1995): *Hacia una teoría feminista del Estado*, Madrid: Cátedra.
4 MacKinnon, Catharine (2023): *Le Viol Redèfini: Vers L'egalitè, Contre Le Consentement* París: Climats, Flammarion, 2023
5 Ibid, p. 76.

Geneviève Fraisse, cuando afirma que "el consentimiento sexual solo es válido cuando hay igualdad y simetría entre las partes"[6], o Katherine Angel, que asegura que "existen unas normas de género en las que la mujer no puede buscar el sexo de forma igualitaria y en las que el hombre tiene derecho a la gratificación a toda costa"[7].

Feministas españolas como Rosa Cobo o Ana de Miguel mantienen tesis análogas. La primera afirma que "el sistema patriarcal y el capitalismo han encontrado en el consentimiento el modo de silenciar la existencia de jerarquías de poder con la coartada de la libertad del individuo"[8]. La categoría de consentimiento, señala, "ha contribuido a ocultar las relaciones de poder sobre las que se constituyen los sistemas de dominio"[9]. Y se pregunta "¿qué grado de validez tiene consentir cuando las condiciones materiales y simbólicas empujan a las mujeres al *sí*?[10]. Y, la segunda, asegura que la estrategia del patriarcado consiste en apelar a la libre elección como si ésta fuera el fundamento del feminismo, restando valor "al análisis de la estructura social generalizada y patriarcal que actúa determinando de forma coactiva las elecciones de las personas"[11].

En definitiva, para el feminismo radical el consentimiento es el problema, pues implica la aceptación por parte de la mujer de los dic-

6 Fraisse, Geneviève (2017): *Del Consentimiento*, Santiago de Chile: Palinodia.
7 Angel, Katherine (2021): *El buen sexo mañana. Mujer y deseo en la era del consentimiento*, Barcelona: Alpha Decay, p. 43.
8 Cobo Bedía, R. (2024). "El consentimiento y sus sombras patriarcales", *IgualdadES*, 10, pp. 319-335.
9 Ibid, p. 323.
10 Ibid, p. 325.
11 de Miguel, Ana (2015): *Neoliberalismo sexual. El mito de la libre elección*, Madrid: Cátedra.

támenes patriarcales. Según éste, la revolución sexual de los años sesenta y posteriores fue solo aparente, pues se gestó al servicio de los hombres, y el consentimiento sirvió para que las mujeres aceptáramos sus reglas. Desde los planteamientos más extremos de estas teorías, el libre consentimiento no es posible para las mujeres, dado su estatus socialmente inferior. Una desigualdad que se sitúa en la raíz misma de la construcción social del género y que convierte a la seducción en violencia camuflada, pues las mujeres habrían aprendido a experimentar el deseo y el placer en un escenario de dominación.

Frente al feminismo radical surgió, a principios de los años ochenta del pasado siglo en Estados Unidos, el llamado "feminismo *pro-sex*" o pro-derechos sexuales. Este sector rechazaba el paternalismo del feminismo radical que ubica a todas las mujeres en la condición de víctimas, reivindicando su condición de agentes sexuales perfectamente capaces de ejercer decisiones libres, autónomas y responsables. Por ello, autoras como Gayle Rubin, Pat Califia, Alice Echols o la propia Vance se propusieron construir una teoría de la sexualidad no desde el peligro y la culpa, sino desde el placer. Ésta última asegura en *Placer y peligro: explorando la sexualidad femenina* que desde el siglo XIX han existido corrientes "puritanistas" en el feminismo que daban por hecho, o bien que la sexualidad de las mujeres es intrínsecamente pasiva, o bien que no puede florecer hasta que no se consiga una mayor seguridad. Las "corrientes exploradoras", como las llama Vance, consideran, en cambio, que las mujeres pueden manifestar su sexualidad de formas más audaces, partiendo de que los cambios materiales que favorecieron la autonomía de las mujeres en general (el trabajo asalariado, la vida urbana, la anticoncepción y el aborto) también contribuían a su autonomía personal. Sin duda, algunas películas de esa época como *Belle de Jour* (1967), de Luis Buñuel; *Emmanuelle* (1974), de Just Jaeckin o *The Night Porter* (El portero de noche) (1974), de Liliana Cavani, muestran algunos de estos postulados.

El espejismo del consentimiento afirmativo como instrumento definitivo contra la violencia sexual

En el marco de la segunda ola feminista, entre las décadas de 1960 a 1980, una oleada de reformas legislativas recorrió el mundo occidental estableciendo la autonomía de las mujeres y su libertad sexual como bienes jurídicos a proteger. El tradicional requisito de la fuerza o la intimidación para determinar la existencia de un delito sexual fue sustituido por el del consentimiento en su fórmula negativa, conocida con el aforismo "no es no". En virtud de ella, se atenta contra la libertad sexual cuando el autor no tiene en cuenta el rechazo de la víctima expresado mediante palabras, gestos o actos reconocibles.

Sin embargo, desde principios de la década de 1990, surgieron voces desde los ámbitos del feminismo radical que señalaron que la fórmula negativa suponía un avance pero no suficiente, pues seguía dejando desprotegidas a muchas mujeres incapaces de manifestar su falta de consentimiento o de probarlo en juicio. Aunque ya no estaban obligadas a demostrar resistencia, debían haber expresado su negativa de manera clara, por lo que, en caso de silencio (por shock o parálisis), la falta de consentimiento no quedaba probada. En el ámbito cinematográfico son muchas las películas que muestran las dificultades que respuestas biológicas como el "freezing" –o parálisis por miedo– y la disociación, fenómenos bien documentados en víctimas reales, generan a la hora de evidenciar la falta de consentimiento en el proceso judicial. Basta mencionar dos clásicos como *Anatomy of a Murder* (Anatomía de un asesinato), de Otto Preminger (1959), donde Laura Manion (Lee Remick) es cuestionada por su carácter coqueto y porque no hay signos evidentes de forcejeo que mostraran su resistencia; o *The Accused* (Acusados), de Jonathan Kaplan (1988), donde Sarah Tobias (Jodi Foster) es sometida a una brutal violación frente a la que llega un punto en que queda paralizada.

Por ello, se propuso ir más allá y exigir, no ya la manifestación de la ausencia de consentimiento ("no es no"), sino la de su concurrencia ("solo sí es sí"), de forma que el autor cumple el tipo delictivo cuando actúa sin que la víctima haya dado a conocer, de alguna forma reconocible para él, su aquiescencia. Los trabajos de la propia MacKinnon[12], o de otras autoras como la filósofa canadiense Lois Pineau[13], sin duda han influido en el viraje hacia el modelo del consentimiento afirmativo de las legislaciones penales más recientes.

12 MacKinnon, Catharine (1999): *Hacia una teoría feminista del estado, Valencia: Cátedra.*

13 Pineau, Lois (1989): "Date Rape: A Feminist Analysis", *Law and Philosophy* 8, no. 2, pp. 217-43.

El primer ámbito donde comenzó a aplicarse el modelo de consentimiento afirmativo fue el de los campus universitarios estadounidenses, donde la violencia sexual hacia las estudiantes por parte de otros compañeros asciende a cifras muy elevadas. El documental *The Hunting Ground* (2015), de Kirby Dick, da cuenta de ello a través de entrevistas realizadas a estudiantes de distintos campus estadounidenses, y retrata la movilización estudiantil impulsada por la red *End Rape on Campus* (EROC) que logró un gran impacto político y social.

En 1991, la presión del grupo universitario feminista *Women of Antioch* en el Antioch College de Yellow Springs de Ohio, condujo a la introducción de una regulación basada en el consentimiento afirmativo para prevenir la violencia sexual en la universidad[14]. Dicha regulación de Prevención de Delitos Sexuales (SOPP)[15] contenía las siete características que esencialmente conforman las bases del consentimiento afirmativo hasta el día de hoy: a) Explicitud: el consentimiento debe expresarse con antelación. El silencio no significa consentimiento. Las personas inconscientes o dormidas no pueden dar su consentimiento de acuerdo con el requisito de lo explícito; b) Voluntariedad: el consentimiento debe darse de forma voluntaria, sin presiones ni coacciones; c) Capacidad de dar consentimiento: todas las personas involucradas deben poder dar su consentimiento. En consecuencia, las personas ebrias y en estado

14 Mills, Nicolas (2014): "How Antioch College Got Rape Right 20 Years Ago", *The Dayaily Beast*, diciembre, 10, Disponible en: *http://www.thedailybeast.com/articles/2014/12/10/how-antioch-solved-campus-sexual-offenses-two-decades-ago.*

15 Antioch College (2018): Antioch College Student Handbook 66 (2018-2019), Disponible en: https://antiochcollege.edu/wp-content/uploads/migrate/Stud ent%20Handbook%20-%202018.pdf. (Acceso 11/04/2025)

de ebriedad no pueden prestarlo, ni tampoco las personas menores de cierta edad; d) Cambio de responsabilidad: la persona que inicia un acto sexual tiene la responsabilidad de obtener el consentimiento de todos los participantes, independientemente de su relación e historial sexual; e) Libre de presunción: el consentimiento debe obtenerse repetidamente para cada nuevo acto sexual. No se podrá presumir el consentimiento porque ya se haya otorgado para otro acto sexual; f) Información: todos los participantes deben saber para qué se otorga el consentimiento en particular; g) Revocabilidad: un consentimiento previamente otorgado puede ser retirado en cualquier momento.

Desde su introducción en el Antioch College más de mil cuatrocientas instituciones de educación superior han aprobado normativas de consentimiento afirmativo en Estados Unidos y, desde 2014, las universidades públicas californianas deben establecerlas para conseguir financiación estatal. Nueve estados –Distrito de Columbia, Minnesota, Montana, Nuevo Hampshire, Nueva Jersey, Oklahoma, Vermont, Washington y Wisconsin– han adoptado el requisito de consentimiento afirmativo en sus jurisdicciones. En Europa, hasta la fecha, han adoptado el *yes model* en sus Códigos penales Gran Bretaña, Suecia y, ahora, España. Y el estado australiano de Nueva Gales del Sur introdujo reformas de consentimiento afirmativo en su derecho penal a partir de 2022[16].

Las críticas al modelo afirmativo de consentimiento sexual no se han hecho de esperar, provenientes principalmente del feminismo

16 Para un desarrollo mayor véase Avalos, Lisa (2022): "Seeking Consent and the Law of Sexual Assault", *University of Illinois Law Review*, pp. 731-780.

pro-sex, pero no solo. Autoras como Katie Roiphe[17], Laura Kipnis[18], Rona Torenz[19], o Katherine Angel[20] advierten que el consentimiento afirmativo puede burocratizar el deseo y limitar la autonomía sexual de las mujeres, que deben alcanzar un estándar artificial de autoconocimiento y confianza antes de que se les permita participar en actividades sexuales. En ese sentido, son significativas las palabras de Katie Roiphe: "La idea de que sólo un *sí* explícito significa *sí* propone que las mujeres, al igual que los niños, tienen problemas para comunicar lo que quieren. Propone que es probable que se nos escapen las palabras, que es probable que nos encontremos enredadas en situaciones en las que no podemos hacer valer nuestros deseos. Más allá de sus dudosas premisas sobre los límites de la comunicación femenina, la idea del consentimiento activo refuerza los estereotipos de hombres que simplemente buscan conseguir algo y mujeres que realmente no quieren nada. El folleto de la American College Health Association dice a los hombres: 'Tus deseos pueden estar más allá de tu control, pero tus acciones están bajo tu control". Y advierte a las estudiantes "comunica claramente tus límites"[21].

En este modelo, señala Rona Torenz, ya no se asume que el consentimiento sea el valor por defecto en las interacciones sexuales:

17 Roiphe, Katie (1993): *The Morning After: Sex, Fear, and Feminism*, Canada: Little, Brown & Company Limited.

18 Kipnis, Laura (2017): *Unwanted Advances: Sexual Paranoia Comes to Campus*, Nueva York: Harper Collins.

19 Torenz, Rona (2021): "The Politics of Affirmative Consent: Considerations from a Gender and Sexuality Studies Perspective", *German Law Journal*, 22, pp. 718-733.

20 Angel, Katherine (2021): *El buen sexo mañana. Mujer y deseo en la era del consentimiento*, Barcelona: Alpha Decay.

21 Ibid., pp. 62-63.

"aquí, el acuerdo se define positivamente por la presencia de un *sí* y ya no negativamente por la ausencia de un *no*. En contraste con el "no significa no", que define las circunstancias en las que el sexo debería ser penalizado como violencia sexual y deja abierto cómo podría ser el sexo "moralmente correcto", el "sí significa sí" hace afirmaciones positivas sobre lo que debería contener el "buen" sexo"[22]. En el mismo sentido, el sexólogo Agustín Malón, autor del libro *La doctrina del consentimiento afirmativo*, explica que los objetivos del modelo del consentimiento afirmativo superan los perímetros de la legalidad en tanto en cuanto implican la divulgación social de una presunción de partida de no consentimiento por parte de las mujeres, las cuales, de entrada, no desean tener relaciones sexuales a no ser que indiquen, de forma afirmativa, explícita, inequívoca, etc., lo contrario[23].

En la misma línea se ubican feministas españolas pro-derechos como Cristina Garaizabal, Laura Macaya, Empar Pineda y Clara Serra, que se han mostrado muy críticas con la reciente reforma del Código Penal operada por la Ley Orgánica de Garantía Integral de la Libertad Sexual, de 2022, conocida como "Ley del *solo sí es sí*". Como es sabido, ésta da una nueva redacción al artículo 178.1 CP, cuyo texto es: *"Será castigado con la pena de prisión de uno a cuatro años, como responsable de agresión sexual, el que realice cualquier acto que atente contra la libertad sexual de otra persona sin su consentimiento. Sólo se entenderá que hay consentimiento cuando se haya manifestado libremente mediante actos que, en atención a*

22 Ibid, p. 719.
23 Malón, Agustín (2021): *La doctrina del consentimiento afirmativo*, Pamplona: Aranzadi.

las circunstancias del caso, expresen de manera clara la voluntad de la persona". Con él, el Código Penal español se adscribe al modelo de consentimiento afirmativo pues, como señala la Circular 1/2023, de 29 de marzo, sobre criterios de actuación del Ministerio Fiscal tras la reforma de los delitos contra la libertad sexual operada por la Ley Orgánica 10/2022, "la opción del legislador español exige apreciar la concurrencia del elemento subjetivo del tipo siempre que el sujeto activo obre sin haber recabado previamente el consentimiento de la persona sobre la que recae la acción típica, aun cuando esta no hubiera manifestado su oposición en momento alguno, limitándose a mantener una actitud pasiva". Lo que significa que únicamente cuando una persona manifiesta de algún modo reconocible por actos exteriores su anuencia (sólo sí es sí) el hecho no es delito.

El feminismo español *pro-sex* entiende que el consentimiento afirmativo promueve una visión sacralizada e infantilizada de la sexualidad de las mujeres al impedirles elaborar, por sí mismas y al margen del proteccionismo estatal, estrategias para establecer sus propios límites sexuales. Alegan que detrás de la fórmula afirmativa se esconde una suerte de reducción de la mujer al papel de mera consentidora frente al sujeto deseante, el hombre; y que el consentimiento es un concepto incompleto que no puede adaptarse a la ambigüedad de la sexualidad en las relaciones íntimas.

Las críticas al modelo de consentimiento afirmativo no provienen exclusivamente del feminismo disidente sino también de la doctrina penalista. Los importantes penalistas alemanes Elisa Hoven y Andrew Deyer sostienen ideas muy similares a las del feminismo *por-sex*: "mediante una regulación así se le impone a la parte sexual activa –por lo general, un hombre– recabar el consentimiento de la otra parte; si no hace eso, y su pareja no exterioriza su consentimiento, la conducta será punible. Este concepto descansa sobre un entendimiento desequilibrado de las esferas de responsabilidad: no todo partícipe es responsable de su propia comunicación, sino que es el hombre el que tiene la responsabilidad por la comunicación de la mujer. Ella, por sí misma, no tiene que exteriorizar una voluntad, es el hombre el que le debe preguntar por ella. Mientras que la regulación parece fortalecer aparentemente los derechos de las mujeres, en realidad dibuja una imagen de los sexos profundamente retrógrada. A la mujer se la reduce al anticuado papel de una compañera pasiva para quien la sexualidad es algo predominantemente indeseado (de facto, el silencio significa rechazo), y que, para exteriorizar su voluntad, necesita del requerimiento de un hombre. Un tipo penal que no exige de una mujer ninguna aportación comunicativa trata a la mujer como una compañera sexual desigual y menor de edad. Esta infantilización de la mujer no es progresista, sino, en sumo grado, iliberal y conservadora"[24].

En España, Gonzalo Quintero y Guillermo Portilla afirman que la Ley Orgánica 10/2022 no protege la libertad sexual sino otro interés diferente: "los impulsores de la ley han pretendido que se interprete ese bien jurídico según una "perspectiva de género", lo cual, planteado de esa manera, equivale a defender que el objeto de tutela no es ya la libertad sexual, o no lo es principalmente, sino otro interés diferente cual es la postración histórica de la mujer, al

24 Hoven, Elisa y Deyer, Andrew (2020): "Only yes means yes? Aktuelle Entwicklungen im australischen Sexualstrafrecht und Folgerungen für die deutsche Diskussion", *Zeitschrift für die gesamte Strafrechtswissenschaft*, pp. 262-263.

margen de lo que acontezca en el caso concreto enjuiciado"[25]. Por su parte, José Luis Diez Ripollés critica que el acervo feminista haya forzado el entendimiento de la libertad sexual en clave identitaria, donde deja de tener referencias individuales y se pasa a entender en clave colectiva. En sus palabras: "Ese derecho penal desplaza su enfoque desde la protección de los intereses individuales o colectivos más importantes de todos y cada uno de los ciudadanos hacia la protección de los intereses propios de determinados colectivos sociales. Ya no se trata de la autorrealización personal, sino de un enfrentamiento entre dos grupos antagónicos, hombres y mujeres, estructuralmente enfrentados debido a la sociedad patriarcal vigente (...). Es el turno, al parecer, de que el derecho penal asuma de forma protagonista una nueva empresa social y acomode a toda costa sus contenidos a ella, la lucha contra la desigualdad en las relaciones entre los sexos"[26]. Y afirma que estamos asistiendo a la demolición del modelo de derecho penal sexual basado en la protección de la libertad sexual individual a favor de otro cada vez más moralista y autoritario que se concibe "como un instrumento comunicacional y promocional, encargado de modificar valores sociales a través de la amenaza de la pena"[27].

La Circular de la Fiscalía citada establece que "para valorar la concurrencia del consentimiento del sujeto pasivo de la acción, la cláusula del inciso segundo del art. 178.1 CP demanda verificar que el responsable del delito no ha explorado la voluntad de

25 Quintero Olivares, Gonzalo y Portilla Contreras, Guillermo (2022): "La reforma de los delitos contra la libertad sexual", *Global Politics and Law*.
26 Diez Ripollés, José Luis (2019): "Alegato contra un derecho penal sexual identitario", *Revista Electrónica de Ciencia Penal y Criminología*, p. 5.
27 Ibid., p. 7.

aquel previamente y de un modo diligente. Por consiguiente, deben considerarse no consentidos aquellos actos de carácter sexual realizados por quien, a pesar de no obtener previamente indicios objetivamente razonables del consentimiento de la otra persona, actúa de todos modos, pretendiendo comprobar a través de la reacción suscitada de contrario (de la conformidad u oposición que despierta) si existe o no el consentimiento. Se impone así un deber de diligencia que exige explorar de un modo responsable el consentimiento de la otra parte antes de ejecutar sobre ella actos con significación sexual. Esta indagación se dirige a contrastar, por tanto, la existencia o inexistencia de consentimiento".

La pregunta que debemos hacernos es la siguiente: ¿es realmente posible, siempre y en todas las circunstancias, un consentimiento que tenga un carácter rigurosamente racional, consciente e intencional, que sea previamente testado entre las partes –y no simplemente indagado por alguna de ellas a través de la comprobación–, y que sea manifestado de forma expresa y clara en el ámbito sexual? A este respecto trataré de explicar, a continuación, por qué factores como los estereotipos de género o la mera ambivalencia y falta de claridad que, en ocasiones, es inherente a la propia interacción sexual hacen del modelo afirmativo un modelo poco realista.

El hombre propone, la mujer dispone

Una de las críticas que cabe hacer al actual paradigma de sexualidad, en el que se ubica el modelo de consentimiento afirmativo, es el relativo a su sesgo sexista y perpetuador de los estereotipos de género, pues reproduce la idea del hombre como sujeto activo y propositivo y de la mujer como sujeto reactivo y pasivo. Sobre ella, llamada a resistir o conceder, recae toda la responsabilidad en el proceso de comunicación y negociación sexual.

Diversas investigaciones indican que los guiones tradicionales de género provocan diferencias de actuación y percepción entre hombres y mujeres en el ámbito de la sexualidad. Los primeros son socializados para ser quienes busquen activa y permanentemente el acto sexual frente a la actitud pasiva e indecisa propia de las mujeres[28]. En palabras de Wendy Hollway, "el discurso heteronormativo

28 Álvarez Medina, Silvina (2023): "La sexualidad y el concepto de consentimiento sexual", *Doxa. Cuadernos de Filosofía del Derecho*, 47, pp. 349-380; De la Torre Laso, Jesús (2023): "El consentimiento de las relaciones sexuales. Un análisis de su significado y las variables implicadas", *Revista de Estudios Jurídicos y Criminológicos*, 8, pp. 277-29; Willis, Malaki y Jozkowski, Kristen N. (2021): "Sexual consent perceptions of a fictional vignette: A latent growth curve model", *Archives of Sexual Behavior,* pp. 1-13; Jozokowski, Kristen N., Marcantonio, Tiffany y Hunt, Mary (2017): "College students'sexual consent communication and perceptions of sexual double

predominante sugiere que los hombres tienen un impulso sexual biológico insaciable, siempre buscan sexo y necesitan satisfacción sexual una vez que se excitan. El deseo masculino es entendido como una fuerza impulsora dominante. La potencia y la virilidad se construyen como inherentes y naturales para lo masculino, mientras que la feminidad se asocia con un deseo inferior. A las mujeres se les atribuye un papel de guardianas, siendo consideradas responsables de limitar y controlar el deseo masculino. La agencia sexual femenina queda relegada, por tanto y principalmente, a la satisfacción de la sexualidad masculina"[29].

Según Nicole M. Else-Quest y Janet Shibley Hyde, los roles de género se refuerzan en la adolescencia y cimentan en una dinámica de poder presente en los encuentros entre jóvenes. Así, con ocasión de concertar una cita, las chicas se preocupan por la posibilidad de "sentirse juzgadas, lo que implica una sensación de falta de poder en la interacción que podría conducir a que éstas llevasen a cabo un acto sexual solo para complacer al varón o ceder a la presión para tener relaciones sexuales"[30]. Michelle Oberman profundiza en esta idea y señala que, durante la adolescencia, además, se dan dificultades para comprender o dar sentido a los actos pre-sexuales: "las jóvenes, socializadas en la complacencia a los varones, tienen dificultades para negarse a mantener relaciones

standards: A qualitative investigation", *Perspectives on sexual and reproductive health*, 49 (4), pp. 237-244.

29 Hollway, Wendy (1996): "Gender Difference and the Production of Subjectivity", en Jackson, Stevi y Scott, Sue: *Feminism and Sexuality. A reader*, Edimburgo: Edimburg University Press.

30 Else-Quest, Nicole. M. y Shibley Hyde, Janet (2022): *The Psychology of Women and Gender. Half the Human Experience*, California: Sage Publications.

sexuales por temor al enfado, el rechazo o la reacción del chico". Y añade que "esta situación de vulnerabilidad –afectada también por componentes sociales y culturales como la persuasión ambiental o los mandatos de género– impide una comunicación eficaz y puede conducir a aceptar prácticas sexuales por no contradecir, por una actitud compasiva, o por complacer o agradar al otro, pero sin ser realmente queridas. Ello nos habla de un espacio de comunicación a menudo incompleto, nutrido de intensas emociones, que pueden conducir a acciones no siempre auténticas o en sintonía con dichas emociones"[31]. Los estereotipos de género pueden afectar, por tanto, a la capacidad de expresar o de entender respectivamente las preferencias, los deseos y los límites del otro.

Sobre la presión que la socialización de género ejerce sobre las mujeres para ser complacientes en el ámbito sexual, incluso cuando no nos apetece, es especialmente significativa una de las películas más interesantes de los últimos años en materia de consentimiento: la ópera prima de Molly Manning Walker, *How to Have Sex* (2023). En ella se relata la experiencia de tres adolescentes británicas de dieciséis años –Tara y sus amigas Skye y Em– en un viaje de fin de curso a un destino turístico y de fiesta en el que el sexo y el alcohol tienen un papel protagonista como transición de la infancia a la adultez. Tara –la talentosa Mia McKenna-Bruce– es la única de las tres jóvenes que no ha mantenido todavía relaciones sexuales, por lo que la expectativa de sus amigas en torno a la idea de que se inicie durante ese viaje es una presión constante. Tara

31 Oberman, Michelle, (2013): "Two Truths and a Lie: In re John Z. and Other Stories at eh Juncture of Teen Sex and the Law", *Law & Social Inquiry*, Vol. 38, 2, p. 392.

va una noche a la playa con uno de los chicos que se encuentran alojados en la habitación de al lado, Paddy, y, mientras se bañan en mar, éste le dice:

> *–Ven aquí. ¿de qué te ríes?*
>
> *–Paddy, para.*
>
> *–¿Qué?*
>
> *–¡Para!*
>
> *–Vale, no te toco más. Ven aquí. ¿Qué?*
>
> *–¡Tengo frío! no es justo que esto no sea recíproco.*
>
> *–¡Tengo frío!*
>
> *–Vámonos".*

Salen del agua y Paddy le da un bofetón en el culo corriendo y riendo.

> *–¡No he sido yo! ¿qué? No puedo evitarlo si me rebota así en la cara. ¿Por qué estás tan tensa?*
>
> *–No lo estoy.*
>
> *–¿No eras la divertida? ¿tienes frío?*
>
> *–Sí.*
>
> *–Trae. La ropa mojada te da más frío. Tranqui, no te estoy pidiendo que te cases conmigo.*
>
> *–¿Pero esto no es nuestra boda?*

Se caen a la arena y se ríen.

> *–¡Para!*

Él la besa.

> *–¿Quieres?*

Paddy le quita la parte de abajo del bikini.

> *–¿Sí?*
> *–Sí.*

El diálogo entre ambos es casi susurrante. Paddy pregunta a Tara hasta en dos ocasiones si quiere tener sexo, a lo que ella contesta en voz baja que *sí*, sin que nada en su rostro evidencie placer o entusiasmo, sino una contenida rigidez. No hay una comunicación real entre ellos. La cámara no muestra en esa escena la secuencia completa, pero el *film* vuelve a la ella a través de un *flashback* que aparece como un recuerdo insistente de Tara. Los planos cortos de su rostro y de sus manos agarrando la arena trasladan su malestar. Las luces de neón procedentes de los bares y discotecas cercanas se alumbran en su rostro, haciendo la escena más sofocante.

Molly Manning Walker consigue poner sobre la mesa con esta película, sin ningún género de dogmatismo, toda la coacción ejercida por los estereotipos de género y cómo estos determinan el sentido del consentimiento sexual. Tara no sabe si lo sucedido está mal, solo que le genera un profundo desasosiego. No se siente capaz de contárselo a sus amigas. La presión social que ejercen los roles adolescentes, trufados de expectativas frustradas, conducen a Tara –sujeto pasivo– a expresar clara y reiteradamente un *sí*, previa interpelación por parte del sujeto activo, Paddy. Pero esa relación sexual consentida no es una relación deseada ni realmente querida por ella, lo cual induce a pensar que la fórmula del consentimiento afirmativo no es la respuesta definitiva.

La presión que ejercen los estereotipos de género incide, también, sobre las expectativas sexuales de hombres y mujeres. En el año 2021, el director israelo-francés Yvan Attal, llevó a la gran pantalla el libro *Les choses humaines (Las cosas humanas)*, de Karine Tuil, publicada en 2019 y ganadora del Premio Goncourt des Lycéens y del Premio Interallié. Su adaptación cinematográfica con el mismo título original pero que en España se ha llamado *El Acusado*, a partir de un guion del propio Attal y de Yaël Langmann, reúne a la pareja del director, Charlotte Gainsbourg, madre en la vida real y cinematográfica del protagonista, y al hijo de ambos, Ben Attal. Tuil contó que su libro está inspirado en un caso real sucedido en la Universidad de Standford en 2016, y que el principal hecho que motivó su escritura fueron las declaraciones del padre del estudiante durante el juicio: *"No se puede destruir la vida de un joven por veinte minutos de acción"*.

Los hechos sobre los que se construye un guion complejísimo son los siguientes: Alexandre es hijo de Claire, ensayista feminista, y

Jean, un reputado periodista de televisión. Durante una breve visita a París, el joven, que estudia en la prestigiosa universidad estadounidense, va a cenar a casa de su madre que vive con su nueva pareja, Adam, y su hija, Mila. Al terminar ha quedado con unos amigos en una fiesta y, a propuesta de Claire, decide llevar a la chica con él. Una vez allí, uno de los amigos propone a los demás un juego, una demostración de hombría: tendrían que conseguir tener sexo con una chica de la fiesta y traer sus bragas al grupo en forma de trofeo antes de las dos de la mañana, a lo que Alexandre accede. Para cumplir con el reto, Alexandre lleva una copa de champán a Mila y le dice que tiene que probarla. Ella, no acostumbrada a beber, la rechaza en un primer momento y después accede a tomarla. Salen de la casa de la fiesta y él la abraza porque hace frío. Mientras caminan se encuentran con unos amigos, Alexandre les dice que sólo tardará diez minutos y propone a Mila ir a fumar al cuarto de la basura. Ambos entran y cierran la puerta sin que el espectador pueda ver lo que allí sucede. La pantalla se funde a negro. A la mañana siguiente Mila presenta una denuncia por violación.

La segunda parte del *film* muestra el juicio que tiene lugar dos años después de la denuncia y, en el interrogatorio que lleva a cabo la abogada de la acusación a una exnovia de Alexandre, ésta afirma:

> *–Todas hemos conocido tipos que intentan, que insisten y que a veces directamente lo hacen. (...) Me pidió que le hiciera una felación porque no era muy agradable dejarlo en ese estado.*
>
> *–¿Y fue lo que usted hizo?*
>
> *–Sí.*
>
> *–¿Tenía ganas?*
>
> *–No.*

Ese "deber" de las mujeres de finalizar lo iniciado en el ámbito sexual está presente también en la serie de televisión británica *Anatomy of a Scandal (Anatomía de un escándalo)*, de 2022, creada por David E. Kelley y Melissa James Gibson, que adapta la novela homónima de Sarah Vaughan. En ella se narra el mediático juicio por violación a un ministro inglés, James Whitehouse, tras ser acusado por su subordinada, Olivia Lytton, con la que mantiene un *affaire* extramatrimonial. La serie presenta también a una ambiciosa abogada, Kate Woodscroft, con una necesidad imperiosa de hacer justicia y defender a las mujeres que como ella han sido víctimas de agresiones sexuales; y a una esposa, Sophie Whitehouse, cuya idílica vida queda destruida y cuya confianza en su marido se resquebraja.

Durante el interrogatorio de la abogada de la acusación a la presunta víctima se produce el siguiente diálogo:

> *–Y, después, ¿qué pasó?*
>
> *–Creo que me levantó contra la pared y… me introdujo su pene. Lo introdujo a pesar de que yo le dijera que no.*

–¿Le dejó claro que no quería que lo hiciera?

–Sí, estaba intentando apartarle.

–Y, ¿él dijo algo?

–Dijo… me susurró: "no seas una calientapollas".

–"No seas una calientapollas", ¿esperó a que usted respondiera?

–No. Simplemente continuó.

–Así que dijo: "no seas una calientapollas" y continuó sin más.

Rona Torenz habla en su importante artículo "The Politics of Affirmative Consent: Considerations from a Gender and Sexuality Studies Perspective" del "punto de no retorno", para referirse a aquel momento en que se encuentran las mujeres cuando han coqueteado, permitido o iniciado cierto contacto físico, o han dejado que un chico las lleve a casa, han bebido juntos, etc[32]. Katherine Angel dice en su libro *El buen sexo mañana. Mujer y deseo en la era del consentimiento* que a la mujer se le enseña que, si "emite señales", debe prever las reacciones, y que si dice *no* después de que parezca que ha mostrado interés, ella será la única culpable de las repercusiones: "cuando se considera que una mujer ha accedido a algo, ya no puede negarse a nada"[33].

A este respecto resulta interesante el caso citado por Amia Srinivasan en su ensayo *El derecho al sexo. Feminismo en el siglo XXI*, relativo a un estudiante de penúltimo curso de la Universidad de Massachussets que fue acusado de violación en 2014 por una de sus compañeras. Lo hechos sucedieron en una fiesta de Halloween donde ambos interaccionaron sexualmente bajo los efectos de la marihuana. Ella tomó la iniciativa de practicarle una felación y, cuando dijo que no quería seguir, no tuvo ningún problema en salir de la habitación a pesar de que él trató de convencerla de que se quedara besándola insistentemente. En su declaración explicó que, aunque sabía que podía marcharse en cualquier momento, la cultura estudiantil de la Universidad de Massachusetts dicta que si

32 Torenz, Rona (2021): "The Politics of Affirmative Consent: Considerations from a Gender and Sexuality Studies Perspective", *German Law Journal*, 22, pp.718-733.
33 Angel, Katherine (2021): *El buen sexo mañana: Mujer y deseo en la era del consentimiento*. Barcelona: Alpha Decay, pp.23-25.

una mujer entabla contacto sexual con un hombre tiene la obligación de ir hasta el final[34]. Si bien el estudiante fue absuelto por la justicia, como no podía ser de otro modo, fue suspendido temporalmente por la universidad y, finalmente, la abandonó.

Según Srinivasan "esa mujer que masturbó al acusado no quería hacerlo; o quería hacerlo al principio, y luego dejó de querer. Siguió adelante por la misma razón por las que siguen adelante tantas chicas y mujeres: porque se supone que las mujeres que excitan sexualmente a los hombres deben terminar el trabajo. Da igual si él tenía o no esa expectativa porque es una expectativa que muchas mujeres llevan ya incorporada. Se trata de una mujer que prosigue con un acto sexual que no le apetece, que sabe que puede levantarse y marcharse de allí, pero que sabe también que eso la convertirá en una calientapollas"[35]. Aparte de la mera ambivalencia, la incomodidad y el arrepentimiento, hay también cierto tipo de coacción no ejercida directamente por el estudiante acusado sino por el código informal que regula las expectativas sexuales por razón de género.

Otra película reveladora en este sentido es *Creatura* (2023), de Elena Martín Gimeno, galardonada con el Premio Europa Cinemas en la Quincena de Cineastas del Festival de Cannes. Narra, a través de un estilo naturalista combinado con lo onírico y lo poético, cómo las múltiples cortapisas sexuales que se imponen a lo largo de la infancia y la adolescencia, devienen en traumas en la vida adulta de

34 Srinivasan, Amia (2022): *El derecho al sexo. Feminismo en el siglo XXI*, Barcelona: Anagrama.
35 Ibid., p. 30.

las mujeres que pueden generar una relación problemática con su propio cuerpo y con su propia sexualidad.

Junto con Clara Roquet, Elena Martín Gimeno elabora un guion poderoso que es el fruto de seis años de un intenso trabajo de investigación en el que, además de entrevistar a un gran número de mujeres y hombres, realizaron trabajos grupales de exploración de la intimidad sexual femenina. Todo ello se plasma en un *film* que lejos de contar, como suele ser lo habitual, una sola experiencia traumática de abuso sexual, apuesta por mostrar las múltiples y pequeñas experiencias que las niñas, adolescentes y mujeres vivimos a lo largo de la vida y que, sumadas, arrojan heridas y bloqueos en el ámbito de la sexualidad que resultan ser muy comunes. Eso es lo que le sucede a su protagonista, Mila, interpretada por la propia Elena Martín Gimeno, a la que la somatización física de sus malestares sexuales, la llevan a revisitar las distintas etapas de su vida en búsqueda de respuestas.

Hay una escena en la que la Mila adolescente se encuentra con su novio entre los pinos de una playa, apartados del resto de sus amigos. Es de noche. El chiringuito en el que siguen aquéllos se ve de fondo en la escena, recordando la clandestinidad de su interacción sexual. Su novio la besa y comienza a desabrocharse la bragueta, ella protesta:

> *–Espera, espera, ¿qué haces?*
>
> *–Tengo un condón, tengo un condón, tranqui.*
>
> *–Pero es que no quiero hacerlo.*
>
> *–Vale, pero, ¿por qué? O sea ¿eres virgen?*
>
> *–No, no, no, no.*

–¿Seguro?

–Es que no quiero hacerlo aquí.

–¿Por qué? No nos ve nadie...

–Va...me tocas un poco y ya está.

Ella comienza a masturbarle sin ninguna gana. Su rostro muestra una mueca de rechazo.

De repente para.

–¿Qué haces?

–He visto el coche de mi padre. Venga vámonos.

–¿Qué dices?

–Volvamos con los demás.

–Es imposible, no has podido verlo.

–No, volvamos con los demás.

–Mila, un momento. Mila, venga, coño, solo un poco. Es que...Mila...ya casi estoy, un poquito más y ya estoy.

Ella continúa hasta el final, el asco se plasma en su rostro.

El modo de vivir la propia sexualidad está también condicionado por los preceptos culturales y/o religiosos, el estatus social y económico, el contexto familiar, la educación recibida, etc. Witmer-Rich afirma que, "cuando las personas mantienen relaciones sexuales, se comunican entre sí de múltiples maneras y utilizan un complejo sistema de palabras y conductas. El significado de esas palabras y de esa conducta es muy sensible al contexto social de la comunicación y a la cultura o subcultura en la que se comunican los participantes"[36].

En el caso de *El Acusado* esto es evidente: el hecho de que el joven Alexandre sea hijo de Claire y Jean Farel, dos personas conocidas de la élite intelectual y mediática francesa, y que Mila lo sea de Adam Wizman y Valérie Berdah, judíos practicantes que emigraron a Israel y regresaron a Francia, tiene mucho que ver con cómo cada uno de ellos vive la sexualidad y sus límites. El director del *film*, Yvan Attal, afirma en una entrevista: "Si observas el testimonio de Mila y Alexandre te das cuenta de que dicen lo mismo. Los hechos son indiscutibles. Es la forma en que cada persona los experimentó lo que lo cambia todo"[37].

La subjetividad de la propia experiencia y cómo ésta determina la percepción de lo sucedido tiene un recurso narrativo cinematográfico excepcional, el llamado "efecto Rashomon", que toma su nombre de la obra maestra *Rashomon* (1950), de Akira Kurosawa. La acción del *film* se sitúa en el siglo XII, bajo las ruinas de la puerta Rashomon (puerta de castillo), donde un monje y un leñador, a los que se suma un peregrino desarrapado, se guarecen de una fuerte tormenta. Mientras esperan a que escampe reflexionan sobre la condición humana y la naturaleza de sus acciones a propósito del asesinato de un samurai y la violación de su esposa a manos, presuntamente, de un bandido. El sonido de

36 Witmer-Rich, Jonathan (2016): "Unpacking affirmative consent: not as great as you hope, not as bad as you fear", *Texas Tech Law Review*, 49, pp. 57-88.

37 Gaumont, "Entretien Yvan Attal", Dossier prensa, Unifrance.org: https://medias.unifrance.org/medias/92/175/241500/presse/les-choses-humaines-dossier-de-presse-francais.pdf (acceso: 11/04/2025).

la fuerte lluvia es incesante, dotando de dramatismo a la escena. La cámara se posa sobre los rostros de unos personajes perplejos ante lo sucedido.

La elección del lugar de la escena no es casual, pues Rashomon, que fue la más grande de las dos puertas que tenía la ciudad de Kioto, simboliza la decadencia cultural y moral de los japoneses en la era Heian (794 a 1185). Durante el siglo XII comenzó a deteriorarse y se convirtió en un lugar ingrato, guarida de ladrones y de personas de mal vivir. En ella se tiraban cadáveres olvidados y bebés abandonados. La cámara ofrece un plano cenital que muestra a los tres personajes insignificantes frente al gran tamaño de la deteriorada puerta y la intensidad de la lluvia, evocando su insignificancia.

Los tres protagonistas directos –el bandido acusado, la mujer agredida, y el asesinado que habla a través de una médium– dan versiones muy distintas del mismo hecho. A ellas que se suma el testimonio del leñador, que asegura haber presenciado lo sucedido oculto entre la maleza, pero cuya verdad está condicionada por haber robado una daga con diamantes del lugar de los hechos. La impresionante banda sonora de Fumio Hayasaka acompaña el trayecto de la cámara que precede a los continuos *flasbacks* a través de una variación sobre el Bolero de Ravel.

El llamado "efecto *Rashomon*" es una herramienta que revolucionó la estructura clásica de la narración cinematográfica a través de la alteración del tiempo, es decir, de la linealidad cronológica de los acontecimientos. En el film de Kurosawa la narración comienza por el final, cuando la acción dramática ya ha transcurrido. Además, *Rashomon*, como *El Acusado*, juegan en un doble plano narrativo, pues el tiempo presente es alterado por una sucesión de analepsis –o *flashbacks*– al tiempo pasado. Además, este efecto sólo sucede bajo una condición fundamental: la inexistencia de evidencia alguna de lo que realmente pasó. No hay ninguna escena de la presunta violación y muerte del samurai, como tampoco la hay de la presunta violación de Mila, solo del antes y del después.

En el *film* de Kurosawa los declarantes relatan una historia estructurada de manera similar, –el bandido Tajômaru se enfrentó, secuestró y ató al samurái para poder violar a la esposa–, pero las versiones se separan en un punto de inflexión y la narración toma un cauce distinto en función de quien la encarna. Ese punto de inflexión lo representa la daga clavada en el suelo que la esposa deja caer justo después de ser violada. A partir de la caída de la daga cada declarante reinterpreta lo sucedido según sus circunstancias: para la mujer es una deshonra haber sido violada, pues esto puede acabar con su vida y ser rechazada por su marido; para el bandido, la relación ha sido consentida pese a las artimañas que debe llevar a cabo para quedarse a solas con ella e intimidarla; y, para el marido, la violación de su mujer es una agresión a su honor, que le obliga a rechazarla. Cuestiones como el honor, la honra, la vergüenza, la libertad o la pobreza determinan la percepción y, por ende, el relato de los protagonistas.

En *El Acusado*, como en *Rashomon*, la percepción de Mila y Alexandre está configurada diversamente a partir de las propias experiencias vitales y por el contexto social, cultural y familiar en que viven y han crecido. Es más, la tesis principal de la película puede resumirse en una frase de Célérier, el abogado defensor de Alexandre, dirigiéndose al jurado: *"aquí no hay una sino dos verdades, dos maneras diferentes de ver las cosas, dos percepciones de una misma escena. Y la única pregunta que deben hacerse es si Alexandre penetró a Mila Wizman por la fuerza sin su consentimiento"*.

Quizás, lo más revelador del efecto creado por el genio Kurosawa es que socava la idea de que exista una verdad objetiva, pues las experiencias pasadas tienen un impacto decisivo en la percepción individual, lo que provoca diferentes relatos de un mismo acontecimiento. Además, este recurso narrativo supone un reto para el espectador, que se siente interpelado a la hora de completar la historia y de ser consciente de su propio sesgo, dado que la condición humana –*les choses humaines*– comporta subjetividad en la interpretación.

Los roles tradicionales de género y los estereotipos que de ellos derivan han generado toda una serie de mitos y creencias que condicionan el consentimiento sexual, veamos algunos de ellos.

Desenmascarando a Venus: mitos que perduran

Uno de los mitos más extendidos que deriva de los estereotipos de género es aquel que atribuye al *no* de la mujer un valor de resistencia ficticia que, a su vez, contribuye y potencia la excitación del hombre[38]. La sociolingüista Deborah Tannen afirma que hombres y mujeres crecen en dos sistemas de comunicación diferentes y separados y que, en consecuencia, los hombres entienden el *no* de una mujer como un *sí,* porque esto es lo que han aprendido en sus contextos sociales con otros hombres[39]. Por su parte, Emmers-Sommer asegura que "en los contextos en los que no hay comu-

38 A este respecto, Pablo Bonorio se refiere a dos películas clásicas: *Go with the Wind (Lo que el tiempo se llevó)*, rodada en 1939 por el director Victor Fleming, que es una adaptación de la novela homónima de 1936 de Margaret Mitchel; y *Straw Dogs (Perros de Paja)*, de 1971, del rebelde y maldito Sam Peckinpah, que es una adaptación no demasiado fiel de la novela de Gordon Williams *El asalto a la granja de los Trencher.* Pues, tanto Scarlett O'hara, en el primer *film,* como Amy, en el segundo, acaban disfrutando del acto sexual al que se resisten en un primer momento. La primera, cuando su marido Rhett la fuerza después de que ella siga evidenciando su amor por el bueno de Ashley; la segunda, después de resistirse inicialmente a que uno de los hombres que trabaja en su casa decida amedrentarla para después violarla. Bonorino Ramírez, Pablo Raúl (2011): *La violación en el cine*, Colección Cine y Derecho, Valencia: Tirant Lo Blanch, pp. 21 y ss.

39 Tannen, Deborah (2013): *You Just Don't Understand. Women And Men In Conversation*, New York: Harper Collins.

nicación o es percibida de una manera ambigua, los hombres son más propensos a creer que las mujeres están ofreciendo una resistencia simbólica, es decir, que el *no* es realmente un *sí*, ya que las mujeres suelen rechazar el sexo que verdaderamente quieren. Por ello es habitual que los hombres ignoren tales negativas y continúen persiguiendo un encuentro sexual"[40].

El mito de la resistencia ficticia de las mujeres se apoya en otro que afirma que la mujer siempre desea ser forzada sexualmente y que el hombre debe estar a la altura de ese deseo inconsciente. La película que, desde mi punto de vista, lo plasma con mayor maestría es *La Condanna (La Condena)* de Marcho Bellocchio (1990). Se trata de uno de los de los tres *films* que el mítico director italiano realizó con su psiquiatra, el psicoanalista Massimo Fagioli (que coescribe los guiones), a lo largo de diecisiete años desde 1977, junto con *Diavolo in corpo* (1986) e *Il sogno della farfalla* (1994), con los que forma una especie de trilogía "psicoanalítica". Vito Zagarrio, en su libro *Storia del cinema italiano 1977/1985,* identifica tres elementos comunes a las tres películas: su temática –"la reflexión sobre la sexualidad, el *psicoanálisis*, el cuerpo, la violación o sobre el deseo de la violación, la violencia y la seducción de la violencia"–; el hecho de que en las tres haya protagonistas femeninas –no italianas– que se quedan en la memoria (Maruschka Detmers, Béatrice Dalle,

40 Emmers-Sommer, Tara M. (2016): "Do men and women differ in their perceptions of women's and men's saying "no" when they mean "yes" to sex?: An examination between and within gender", *Sexuality & Culture,* 20, pp. 373-385.

Claire Nebout); y que en todas hay, como siempre en el cine de Bellocchio, un proyecto estético"[41].

Bellocchio no fue, por supuesto, el único director de este período que empleó el psicoanálisis en sus películas. En los años sesenta, Sigmund Freud y Carl Gustav Jung estuvieron muy presentes en la cultura cinematográfica italiana a través de los *films* de Fellini, Pasolini y otros. Sin embargo, mientras los vínculos de estos cineastas con los psicoanalistas habían generado un interés positivo, la asociación Bellocchio-Fagioli causó un enorme revuelo y controversia en la sociedad italiana debido a la mala fama de este último tanto en las sociedades psicoanalíticas y psiquiátricas, de las que fue expulsado, como en una gran parte de la prensa italiana. Aunque había comenzado a escribir artículos en 1962, Fagioli cobró notoriedad cuando estableció sus seminarios de análisis colectivo una década después: a mediados de los años setenta del pasado siglo, cientos de personas, entre ellas Marco Bellocchio, se convocaron en Villa Massimo y en Trastevere (Roma) para asistir a las famosas reuniones en las que Fagioli exponía sus polémicas tesis contrarias a la religión, a la homosexualidad, a la masturbación y al intelectualismo, que se incluyen en sus libros *Istinto di morte e conoscenza* (1972), *La marionetta* e *il burattino* (1974) y *Psicoanalisi della nascita e castrazione umana* (1975).

La Condanna es una película sobre el deseo y el inconsciente, dos conceptos esenciales en la teoría psicoanalítica que explican gran parte de la vida psíquica humana. Para esta corriente de pensa-

41 Zagarrio, Vito (2005): *Storia del Cinema italiano, 1977-1985*, Vol. XIII, Venezia: Marsilio Editori, p. 489.

miento, la mente inconsciente es aquélla en la que se ubican los impulsos y los anhelos, es irracional e incontrolable; mientras que la mente consciente es en la que se encuentra la esfera racional del ser humano que determina su voluntad, la cual trata de reprimir o rechazar los deseos, también en el ámbito sexual. De hecho, una de las principales críticas del feminismo *pro-sex* hacia el modelo de consentimiento afirmativo se sustenta en la idea de que la sexualidad está plagada de ambivalencias y de dudas, en tanto en cuanto el deseo puede ubicarse en la opacidad del inconsciente. En la medida en que el consentimiento afirmativo requiere para su éxito de personas que tengan clarísimo lo que quieren y lo que no y que, además, sean capaces de expresarlo de manera asertiva, clara y reflexiva, se trata de un modelo que condena el "no saber" y la decisión de, "a pesar de la duda, probar y arriesgar".

La primera parte del *film* de Bellocchio tiene como marco la Villa Farnese de Roma. Sandra (la actriz francesa Claire Nebout) forma parte un grupo de personas que hacen una visita guiada por el arquitecto Lorenzo Colaianni (Vittorio Mezzogiorno). La primera secuencia se sitúa en el espacio museístico en el que, como dice Colaianni, "una luz objetiva y plana que no elige nada es sustituida, hacia el atardecer y luego por la noche, por esta luz parcial pero viva que da a las obras de arte una profundidad diferente, casi la ilusión de movimiento". Al finalizar la visita guiada y dirigirse a la salida, la joven se separa del grupo porque cree haber perdido las llaves de su apartamento en el interior del museo, en el que, finalmente, decide permanecer tras el cierre. Pronto descubre que otra persona ha tomado su misma decisión, Lorenzo. Entre ambos se produce una ambigua seducción a modo de danza con el museo como escenario, en la que ella se debate entre la resistencia y la participación activa, entre la sumisión y la iniciativa, entre el llanto y la risa. Los cuerpos y la cámara que los sigue se mueven como si fueran bailarines ejecutando movimientos sugestivos. Después Sandra se desnuda y se tumba en una cama reproduciendo el cuadro de Goya *La maja desnuda* y le dice a Lorenzo: *"¿vienes? Total, ya me has violado. Entonces, ¿vienes? Ven".* Y, tras ser penetrada por él, tiene un orgasmo. A la mañana siguiente Sandra va al encuentro del arquitecto con una sonrisa en su rostro y éste le propone salir del Museo al exterior, confiándole que tiene las llaves, lo que provoca en ella una gran consternación. En la escena siguiente aparece la sala del tribunal en que da inicio un juicio contra Lorenzo por violación.

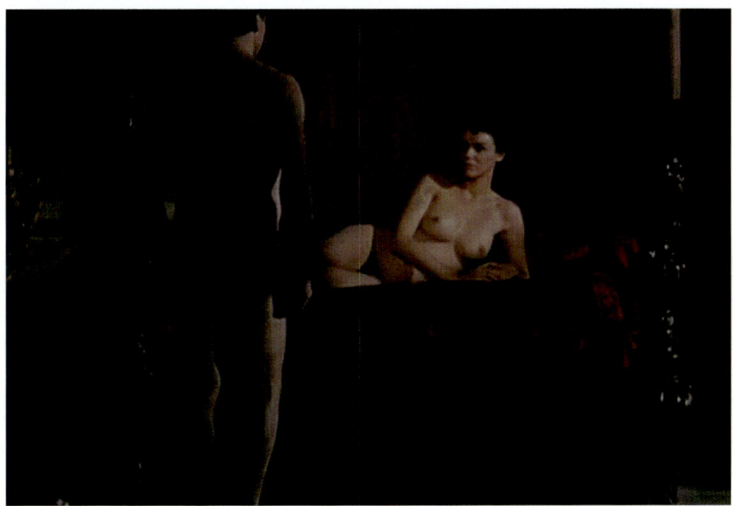

El desarrollo del juicio contra el arquitecto constituye la segunda parte de la película, en la que trata de desentrañarse si lo ocurrido ha constituido o no una agresión sexual. En el primer interrogatorio se produce el siguiente diálogo entre el juez Malatesta y Lorenzo:

> *–En su declaración usted rechaza la acusación de violencia carnal y declara que Sandra Celestini dio su consentimiento.*
>
> *–¿Consentimiento?*
>
> *–Si era libre y dio su consentimiento.*
>
> *–No creo haberme pronunciado en esos términos. Yo no hablaría de consentimiento, darlo significa, me parece, elegir libremente y conscientemente hacer una acción. Solo que en el encuentro sexual libertad y consciencia, a partir de un determinado momento, pierden importancia. Es más, son un obstáculo. La belleza del encuentro sexual está precisamente en el grado de inconsciencia que el hombre y la mujer, juntos, llegan a alcanzar.*
>
> *–Usted ha dicho: "a partir de un determinado momento", entonces hay un antes y un después. Pero antes, antes de aquel determinado momento, Sandra Celestini ¿estaba de acuerdo? ¿Daba su consentimiento? ¿Estaba de acuerdo?*
>
> *–Quizás no, pero no tiene mucha importancia. Puedo admitir tranquilamente haber obligado a Sandra, haberla forzado. Pero sin haberla violentado, eso no.*
>
> *–Pero no se preguntó, antes o durante, el tiempo no le faltaba, ¿hago bien, hago mal?*
>
> *–No tuve conflictos morales.*
>
> *–¿Ni siquiera una duda, una vacilación, un escrúpulo?*
>
> *–No.*
>
> *–Pero, perdone, dejando a un lado la violencia carnal, ¿le parece que sea normal, razonable, elegir un museo público, de noche, para tener relaciones sexuales?*

–No es normal, ni razonable, quizá también sea ilegal, pero no ha habido ninguna violencia según lo previsto por el Código Penal.

–¿Cómo hace para estar tan seguro?

–El orgasmo de Sandra.

La tesis de Lorenzo, en la que basa su defensa, es que la sexualidad del ser humano no puede explicarse desde la mente racional y que solo el inconsciente la gobierna. Por el contrario, el juez representa la idea de racionalidad y, por ende, de control, también en el ámbito sexual, pues solo a ella puede atender la ley. Cuando el juez reclama al acusado que deje de lado sus propias interpretaciones y se ciña a los hechos, éste puntualiza que una narración en forma de crónica desvirtuaría de sentido todo lo acontecido, pues en una relación sexual genuina el consentimiento es secundario.

La narración de los hechos por parte de Sandra en el juicio, –con su rostro en primer plano acompañado de un sonido prolongado y aislado, una única nota sostenida que se disuelve en una evidente desarmonía–, no atiende exactamente a lo visto por el espectador en las escenas del museo, lo que evidencia que su relato se halla impregnado por el impacto psicológico que en ella ha provocado conocer *a posteriori* que Lorenzo tenía las llaves. Se siente engañada y reescribe la danza de la seducción desde la idea de que él se encontraba en una situación de ventaja frente a ella, de nuevo el "efecto *Rashomon*":

> *–Él era provocativo en su impasividad, como los locos que esconden sus intenciones violentas. Estuvo muy correcto, pero su corrección perturbaba mi seguridad. Como si a través de los gestos, o de los movimientos habituales, él hiciera alusiones o estimulase la angustia de una sexualidad violenta.*
>
> *De hecho, intentó una primera vez tomarme por detrás, después se alejó. En cambio, la segunda vez me violó. Me tiró sobre el sofá con violencia. Luego me insultaba diciendo que no era capaz de hacer el amor. Y la tercera vez, se aprovechó de mi indefensión y entonces me poseyó sobre la cama donde me había recostado porque quería descansar.*
>
> *Él tiene un carácter poderoso que obliga a la sexualidad aunque la mujer se oponga. Sin hacer grandes discursos, simplemente hablando de arte, remueve realidades profundas que cada uno tiene derecho a esconder. Y es cierto que utilizó su fuerza física, aunque no para hacerme daño. Pero sabía que no me podía defender, sabía que no podía huir, que no podía elegir conscientemente y con lucidez, qué quería hacer. Era él quien tenía el poder, las llaves que no quiso compartir conmigo. Y después me ha obligado, sin recurrir a la violencia a relaciones sexuales, que solo yo podía decidir tener. Me ha herido, riéndose de mis dificultades sexuales. No ha estado bien en su investigación absurda y violenta de una belleza imposible. Es todo".*

Pero Sandra no es el único personaje que se siente perturbado por Lorenzo. El fiscal de la causa, Giovanni (Andrzej Seweryn), se cuestiona si el carácter anodino de las relaciones sexuales con su mujer, Mónica (Grazyna Szapolowska), responde a su incapacidad de dar rienda suelta al inconsciente. De hecho, ella le acusa de ser un violador, pero no porque la fuerce, sino porque su vínculo sexual le resulta decepcionante en la medida en que él no es capaz de soltar el control, abandonarse a sus impulsos y darle así placer: *"Me violas cada vez que me decepcionas, y siempre me decepcionas"*. Mónica, como Lorenzo, son los dos personajes que encarnan las tesis de Fagioli sobre la necesidad de perder el control para llegar al verdadero placer, que es lo que verdaderamente ansía toda mujer.

Finalmente, Lorenzo es condenado a dos años y medio de prisión y, una vez en la cárcel, recibe la visita desesperada del fiscal Giovanni que trata de encontrar respuestas a la crisis sexual que tiene con su pareja. Lorenzo, ahondando en las tesis *"fagiolianas"*, le dice que para solucionarlo debe descubrir la belleza que implica el movimiento respecto de la imagen fija de la mujer, pero que el precio a pagar es la condena. La liberación sexual, tanto del hombre como de la mujer, y esa es la tesis de fondo del *film*, pasa por el hecho fundamental de apartarse de la ética predominante en la sociedad, reflejada en la ley, haciéndose condenar por ella.

La última parte de la película encarna un sueño de Giovanni, su propio inconsciente, donde aparece una granjera (Maria Schneider) –mito erótico por excelencia a partir de *El último tango en París* (1972)– que representa a la mujer en estado puro. En la representación onírica el fiscal rechaza la tentación de violarla y, cuando un grupo de jornaleros se acercan a ella con intención de hacerlo, él la salva, ante lo que la granjera responde con risas y burlas. Las tres mujeres de la película (Sandra, Monica y esa mujer simbólica) se alternan con Giovanni durante un paseo en la última secuencia. Bellocchio afirma que su intención con la película, lejos de exponer un caso judicial, era construir una alegoría que culmina en el epílogo casi onírico de la campesina que, en la última secuencia, se ofrece incomprendida ante el juez Malatesta, y da vida a una película más metafórica que judicial[42].

Frente a la idea del oscurantismo del inconsciente, el modelo de consentimiento afirmativo aboga por un sujeto pasivo autoconsciente y capaz de exponer lo que quiere y lo que no antes de la interacción sexual. Ello exige un deber de indagación "diligente" por parte del sujeto activo que no se vería satisfecho mediante una conducta que busque una respuesta reactiva. En la ya citada Circular 1/2023, se dice que deben considerarse no consentidos

42 Caputi, Sergio (1991): "Interviste a Marco Bellocchio L'arte di provocare", Prima Visione Cinematografica, 4, p. 48.

aquellos actos de carácter sexual realizados por quien, a pesar de no obtener previamente indicios objetivamente razonables del consentimiento de la otra persona, actúa de todos modos, pretendiendo comprobar a través de la reacción suscitada de contrario (de la conformidad u oposición que despierta) si existe o no el consentimiento. Ello exige, por tanto, que cualquier acto de inicio en la interacción deba producirse, solo y en todo caso, cuando ya se sabe lo que el otro sujeto quiere. Las consecuencias de dicho requerimiento son graves porque deja fuera de la legalidad cualquier acto sexual exploratorio. A este respecto me parece relevante la reflexión que Judith Butler realiza en su famoso artículo de 2011 "Consentimiento sexual: algunos pensamientos sobre psicoanálisis y la ley": "si disponerse a lo desconocido es parte de la exploración sexual, entonces ninguno de nosotros comienza siendo un individuo enteramente autoconsciente, deliberado y autónomo cuando consiente". Y continúa: "No somos competentes para conocer todas las consecuencias futuras de las relaciones sexuales a las que decimos *sí*"[43]. Más recientemente, Clara Serra sostiene que "declararle la guerra al desconocimiento es declararle la guerra al deseo"[44]. En el mismo sentido, Katherine Angel defiende que "nuestros deseos surgen de la interacción, no siempre sabemos lo que queremos, a veces descubrimos cosas que no sabíamos que queríamos; a veces descubrimos lo que queremos solo cuando lo hacemos. Hay que incorporar esto –que no siempre sabemos y no

43 Butler, Judith (2011): "Sexual Consent: Some Thoughts on Psychoanalysis and Law", *Columbia Journal of Gender and* Law, 21 (2), p.20.
44 Serra, Clara (2024): *El sentido de consentir*, Barcelona: Anagrama, p. 51.

siempre podemos decir lo que queremos– a la ética del sexo, no apartarlo como algo molesto"[45]. Y no puedo estar más de acuerdo.

Por otro lado, existe una creencia bastante generalizada de que una respuesta fisiológica como la lubricación femenina es, siempre y en todo caso, un signo de placer y, por ende, de consentimiento sexual. En el desarrollo del juicio por violación contra el arquitecto Lorenzo de *La Condanna*, éste alega como prueba del consentimiento que Sandra había llegado al orgasmo. En *El Acusado* la jueza pregunta a Alexandre:

> *–¿Y no se dio cuenta de que estaba asustada?*
>
> *–No, sino habría parado. Ella se dejó y me dio la impresión de que le gustaba.*
>
> *–Quizás se dejó porque estaba completamente paralizada.*
>
> *–No.*
>
> *–¿Y en que se basa usted para afirmar eso?*
>
> *–Me avergüenza decirlo.*
>
> *–Puede decirlo.*
>
> *–Tenía la vagina mojada. Le gustó.*

Mila, por su parte, declara ante la policía:

> *–Mila, ¿puedes contarme lo ocurrido?*
>
> *–Sí. Anoche me violaron.*

45 Angel, Katherine (2021): *El buen sexo mañana. Mujer y deseo en la era del consentimiento*, Barcelona: Alpha Decay.

–¿A qué hora exactamente?

–Por la noche.

–Conocías la identidad del agresor.

–Es el hijo de la novia de mi padre, Alexandre Farel.

–¿Puedes describir los hechos?

–Me llevó a una fiesta, me hizo fumar y beber y me violó en un depósito de basuras.

–¿Le seguiste de forma voluntaria?

–Me dijo que tenía un cuchillo.

–¿Te amenazó con el cuchillo?

Tenía miedo.

–¿Y después?

–Me agarró del pelo y dijo...

–¿Qué dijo? ¿Qué dijo?

–Me cogió del pelo y dijo... y dijo... dijo... me da vergüenza repetirlo.

–Lo siento, pero tengo que tomar nota de tu declaración.

–Dijo: "chúpamela, puta", pero yo no quería, solo quería irme a casa y pensé que, si lo hacía, dejaría que me fuese. Tenía miedo.

–¿Y después?

–Mamá, lo siento. Lo siento. Él dijo: "sé que estás mojada, quiero que te corras" y me penetró diciendo que iba a follarme y que iba a hacerme daño. Que eso me gustaría.

La serie estadounidense *Euphoria*, creada por Ron Leshem, Daphna Levin y Tmira Yardeni en 2019, presenta a un grupo de jóvenes que se enfrentan a situaciones complejas en el ámbito de la sexualidad, las adicciones y las redes sociales. Ha sido enormemente elogiada por sus cinematográficas imágenes y su desafiante crudeza, pero también ha sido objeto de quejas por la organización sin ánimo de lucro *Parents Television Council* por las imágenes de desnudos y abusos sexuales. La serie es intensa y oscura, sin embargo, deja pasar la luz a través de la amistad y comprensión entre los personajes.

Su protagonista, Rue –la actriz Zendaya–, una joven que acaba de salir de rehabilitación es, a su vez, la voz en *off* que guía al espectador a través de la historia, introduciendo a los personajes y dando contexto a las imágenes. En el episodio primero, McKay y Cassie, dos adolescentes que van al mismo instituto y que han empezado a salir juntos, mantienen relaciones sexuales:

> *–Joder, ¿siempre estás tan mojada?*
>
> *–Más o menos, me da mucho palo. ¿Te corta el rollo?*
>
> *–No qué va, da igual. Espera aquí.*

McKay se pone un preservativo y al volver a la cama la empuja y se tumba sobre ella. Mientras mantienen relaciones sexuales él la agarra del cuello y aprieta.

> *–¡McKay! ¡Para, para! ¡Joder, Mckay!*
>
> *–¿Qué he hecho?*
>
> *–¡Me estabas aplastando, no podía respirar!*
>
> *–No sé, creía que te gustaba.*
>
> *–¿Por qué coño me iba a gustar?*
>
> *–Perdóname, no lo sabía.*
>
> *–Es que no me lo esperaba.*
>
> *–Lo siento muchísimo, ¿vale? Perdona, Cassie. Sabes que no te haría daño.*
>
> *–No lo hagas más sin preguntarme antes o sin que te lo pida yo.*

La psiquiatra y sexóloga Katherine Angel argumenta que la cultura contemporánea ha promovido la idea de que el cuerpo femenino proporciona señales "claras" sobre el consentimiento[46]. Sin embargo, la ciencia ha demostrado que la lubricación puede ser una respuesta automática del cuerpo a la estimulación física, por lo que puede ocurrir en ausencia de excitación emocional o no ocurrir a pesar del deseo. A este respecto, merece la pena mencionar la reciente Sentencia de la Audiencia Provincial de Barcelona, de 22 de febrero de 2024, en el caso del futbolista Dani Alves condenado por agresión sexual, donde la defensa del acusado pretendía hacer valer la lubricación de la víctima y la inexistencia de lesiones vaginales tras la penetración como prueba de que se trató de una relación consentida. En su Fundamento Jurídico séptimo, la sentencia rechaza tal argumento del siguiente modo: "ni la ausencia de estas lesiones acredita el consentimiento, ni la presencia de lesiones vaginales supone que se hayan producido relaciones inconsentidas;

46 Angel, Katherine (2021): *El buen sexo mañana. Mujer y deseo en la era del consentimiento*, Barcelona: Alpha Decay, p.94.

puede no haber lesiones en una agresión sexual y pueden producirse lesiones en una relación consentida"[47].

Hasta ahora he tratado de explicar que el consentimiento sexual se encuentra condicionado por la interpretación que se haga de las manifestaciones verbales, las insinuaciones, los comportamientos y las actitudes previas o propiamente sexuales, los silencios y las dilaciones. Dicha interpretación se encuentra subordinada, a su vez, a roles o estereotipos de género que condicionan la percepción de la relación sexual y su carácter o no consensuado. La pregunta que debemos hacernos entonces es ¿cabe el error sobre el consentimiento? Dicho de otro modo, ¿es posible la violencia sexual involuntaria?, esto es, ¿existen supuestos en los que el hombre puede llegar a creer que hay actos de la mujer que significan un *sí* y actuar honestamente convencido de ello? Y no me estoy refiriendo a los mitos anteriormente descritos que tratan de justificar el comportamiento de los hombres que, movidos por su rol de género, suponen que hay consentimiento donde no lo hay. Cuando hablo de posibilidad de error en el consentimiento me estoy refiriendo, más bien, a aquellas zonas de penumbra en las que las ambigüedades del lenguaje y de la comunicación sexual puede generar situaciones en las que la negativa de la víctima ha pasado desapercibida o es incomprendida.

La serie *13 Reasons Why* (Por trece razones) (2017) es una adaptación de Brian Yorkey para Netflix de la novela juvenil con el mismo título de Jay Asher (2007). En ella se narra la historia de una es-

47 Sentencia Penal Audiencia Provincial Penal de Barcelona nº 21, Rec. 27/2023 de 22 de febrero del 2024.

tudiante de secundaria, Hannah, recogida en las cintas de casete que ella misma dejó grabadas antes de suicidarse, señalando a las trece personas de su escuela a las que responsabiliza de su muerte y los motivos por los que lo hace. En una escena del juicio que se sigue contra Bryce por la violación de Hannah, se produce el siguiente interrogatorio por parte del abogado de la acusación:

> *–¿Se metió Hannah en el yacusi con usted?*
>
> *–Sí.*
>
> *–Y, ¿el resto salió del yacusi?*
>
> *–Sí.*
>
> *–¿Empezaron a magrearse?*
>
> *–Sí.*
>
> *–¿Usted quería acostarse con ella verdad?*
>
> *–Sí.*
>
> *–Y se fue animando.*
>
> *–Claro.*
>
> *–Y usted asumió que ella también.*
>
> *–Sí.*
>
> *–Así que le dio la vuelta para penetrarla por detrás, ¿verdad?*
>
> *–Sí.*
>
> *–¿Y le bajo usted a ropa interior?*
>
> *–Sí.*
>
> *–Se quitó usted el traje de baño. ¿es correcto?*
>
> *–Sí.*
>
> *–Bryce, ¿suele usar protección verdad?*

–Sí, normalmente sí.

–Pero no utilizó protección con ella esa noche, ¿es correcto?

–Correcto.

–Y no hablaron sobre enfermedades de transmisión sexual ni sobre embarazos, ¿verdad?

–No hablamos de eso.

–Y ella nunca dijo no quiero acostarme contigo, ¿es eso cierto?

–Correcto.

–Y no hizo ningún gesto que indicara consentimiento, ¿no es cierto?

–¿Como un gesto con la mano?

–¿Le hizo un gesto con la mano?

–Pues no.

–Tubo sexo con ella en contra de su voluntad, ¿verdad?

–No, no es cierto. Fue ella la que vino a por mí.

–Ella se acercó, pero no dijo querer tener sexo con usted, ¿no es cierto?

–Estaba muy claro que quería.

–Pero no le dio su consentimiento, ¿verdad?

–Yo sabía que quería.

–Usted sabía que quería, pero cuando ella le dijo al orientador que la habían agredido, ¿estaba mintiendo?

–Eso es.

–¿Por qué mentiría? Lo reformulo. ¿Hubo algo en su encuentro que podría llevar a Hannah a denunciar que la habían violado?

–Ojalá lo supiera. Nunca le haría eso a ninguna chica, cuando pienso en mi madre o en mi novia, no me gustaría que nadie les hiciera daño. Nunca dañé a Hannah.

La citada película *El Acusado* recoge la siguiente escena del interrogatorio que realiza el abogado de la acusación a Alexandre:

–¿Qué es para usted una violación?

–Una violación es cuando un hombre fuerza a una mujer a tener una relación que ella no quiere. ¡De ninguna manera es mi caso!

Alexandre dice a Mila:

–Vamos sabías muy bien que iba a ser así, si no, no habrías ido a ese cuarto. ¡También tenías ganas!

Mila responde:

–Es verdad, acepté seguirlo hasta el depósito de basura para fumar, pero lo demás es falso. Me obligó a hacerle cosas ¡cuando yo no quería!

Ante el error en el consentimiento, que efectivamente es plausible, José Antonio Ramos lamenta que la Ley Orgánica 10/2022, no haya introducido un tipo imprudente en la regulación de las agresiones sexuales pues, si lo hubiera hecho, al menos cabría el recurso a una condena por error vencible, pero, al no haber aquel, lo máximo a lo que la víctima puede aspirar en estos casos es a ver resarcida la responsabilidad civil[48]. En el mismo sentido, Lascuraín Sánchez

48 Vázquez, José Antonio Ramos (2023): "Algunos problemas conceptuales y epistemológicos de la definición del consentimiento sexual en la llamada Ley de "Solo sí es sí", *Teorder*, p. 250.

señala que "(...) el legislador debería haber procedido a la cobertura de una importante laguna de nuestro Código Penal: la sanción de ciertos atentados sexuales imprudentes, los que se derivan de un error vencible del autor (...). No hacerlo nos está llevando a dos consecuencias perniciosas: o bien a la impunidad de conductas altamente reprobables, o bien, aún peor, al intento judicial de evitar lo anterior catalogando como dolo lo que en realidad son imprudencias, con quiebra del principio de culpabilidad"[49].

Constatar que los roles de género incrementan las dificultades de comunicación e interpretación en el ámbito sexual, no los convierte en coartada de actuaciones en perjuicio de la autonomía sexual de las mujeres. Es decir, los hombres no pueden interpretar un *no* como un *sí*, ni pueden entender un *no* como la mera resistencia previa a la cesión al propio deseo, del mismo modo que no pueden entender que el silencio de una mujer que se encuentra en una situación de clara desigualdad física es un *sí*. Cualquier intento de descarga, apelando a la socialización recibida, no debe tener relevancia jurídica alguna. Ello no es óbice, sin embargo, para que

49 Lascuraín Sánchez, José Antonio (2023): "Los nuevos delitos sexuales: indiferenciación y consentimiento" en *Comentarios a la Ley del «Solo Sí es Sí»: luces y sombras ante La Reforma de los delitos sexuales introducida en la LO 10/2022, de 6 de septiembre*, Barcelona: Atelier, pp. 59-60. Cabe recordar a este respecto que, en el ámbito del Derecho penal, los errores pueden ser vencibles o invencibles, según si el autor puede o no, por sus propios medios, tomar conciencia de estar realizando una conducta típica o antijurídica. El primero disminuye la culpabilidad, mientras que el segundo la excluye. La diferencia entre uno y otro error es importante pues el error de tipo excluye el dolo con lo que solo podrán perseguirse las conductas que se encuentren tipificadas como imprudentes en caso de ser valorado el error como vencible: García Romero, María (2022): "Violencia sexual en el matrimonio: Comentario de la Sentencia del Tribunal Supremo de 1 de junio de 2022", *Revista General de Derecho Penal,* 38, p. 20.

la concepción del consentimiento sexual en la ley y, sobre todo, en su aplicación mediante la interpretación judicial, no desatienda su influencia.

6 El consentimiento en revisión

El consentimiento sexual no es inmutable en todo tiempo y para todo tipo de actos. A lo largo de un mismo encuentro sexual las personas involucradas pueden cambiar de opinión por múltiples razones, incluidas las variaciones en el tipo de prácticas que se proponen durante el mismo. El consentimiento puede y debe ser reversible, ya que, lo único que convierte a un *sí* en un *sí* libre, es la posibilidad de decir *no*. Hay dos situaciones en las que esto resulta controvertido bajo el prisma de los estereotipos de género descritos: a) considerar que cuando una mujer ha consentido tener relaciones sexuales con alguien en una ocasión estaría dispuesta a tenerlas más veces con esa persona y; b) presuponer que el consentimiento otorgado para realizar una determinada práctica es extensible a otras prácticas sexuales dentro de un mismo encuentro.

En la ya mencionada serie *Anatomy of a Scandal,* la abogada de la defensa, Angela Regan, pregunta a Olivia Lytton durante el juicio:

> *–Pero no era la primera vez que practicaba el sexo con el señor Whitehouse en la Cámara de los Comunes, ¿verdad? Esto forma parte de un patrón de sexo imprudente en el lugar de trabajo.*
>
> *–No.*
>
> *–Disculpe, ¿qué ha dicho?*
>
> *–No, esas dos veces el sexo fue consentido. Los dos lo deseábamos. En este caso hablamos de algo muy diferente.*

Después, dirigiéndose al jurado, concluye:

> *–¿James Whitehouse cometió una violación o hizo el amor? (...) ¿Por qué violar a una mujer que estaba dispuesta a tener sexo con él? (...) La defensa no puede proporcionar un motivo para las mentiras de la señora Lytton, tal vez se sintió avergonzada o resentida o, incluso, enfadada. Pero ni la vergüenza, ni la ira, ni la humillación deberían poder convertir una relación sexual consensuada en una violación.*

Que una mujer haya aceptado tener contacto sexual con una persona en anteriores ocasiones no puede entenderse como un consentimiento tácito a tenerlo en un futuro. En este sentido, el Tribunal Supremo español declaró, en su Sentencia 444/2020, de 14 de septiembre, que "no puede hablarse de una especie de consentimiento perpetuo de la mujer consolidado porque ésta haya tenido alguna relación sexual previa con el hombre, ya que cada vez que exista una pretensión de relación sexual ella debe renovar de nuevo el consentimiento en la manera prevista en la actualidad en el artículo 178.1 párrafo 2º CP de una forma expresa atendidas las circunstancias del caso, y sin este consentimiento renovado existirá un delito de violación por la no renovación del consentimiento ante la nueva pretensión de llevar a efecto el acto sexual del hombre sobre la mujer"[50].

Cuando la abogada de la acusación, Kate Woodcroft, interroga a Olivia, su pregunta es esta:

50 Sentencia del Tribunal Supremo 444/2020.

–Cuando se besaban, ¿usted lo consintió? ¿Dijo que "sí" en esencia?

–Sí, pero no en ese punto. En ese punto le dije que no.

–Él le arrancó las medias y la ropa interior. Y luego, ¿qué pasó?

–Luego, metió sus dedos. Dos de sus dedos, el corazón y el índice creo, en mi interior.

Más tarde, la abogada de la defensa, Angela Regan, dice a Olivia:

–Tuvo un affair con él, le dice que es muy atractivo... bueno su afecto es muy atractivo, llama el ascensor y usted entra sin preguntar. ¿No dio por hecho que la llevaría a algún lugar privado?

No lo sé. Tal vez.

–¿Un beso apasionado dijo? Se besaban con pasión cuando él le puso una mano en el trasero.

–Sí.

–¿Y le abrió la blusa?

–Tiró muy fuerte.

–Mientras se besaban apasionadamente... ¿Perdió algún botón?

–No. He dicho que me hizo daño. Me dejó un moratón.

–Normalmente, la naturaleza de esos mordiscos apasionados es amoratar. Pero, quisiera aclarar algo, ¿fue sólo en ese momento cuando tenía la boca sobre su pecho cuando usted le dijo "aquí no"?

–Sí.

–Al revisar lo que usted ha declarado, sus palabras, usted no dijo "para", no dijo "no". Incluso con la camisa abierta solo le dijo "aquí no".

–Le dije "aquí no" queriendo decir: "no, aquí no".

–No llegó a decirle un "no" rotundo.

–No, pero estaba intentando apartarle.

El Tribunal Supremo español también ha reiterado que el consentimiento puede ser retirado en cualquier momento de la interacción sexual. Así, en su Sentencia 17/2021, de 14 de enero, sostuvo que: "Las sucesivas penetraciones, cuando (la víctima) ya ha revocado su consentimiento inicial, colman el tipo penal previsto en el artículo 178 del Código Penal. Suponen un grave atentado a la libertad sexual de la mujer que, en ese momento, ha exteriorizado su deseo de interrumpir un contacto sexual inicialmente consentido"[51].

En este contexto, si hay una práctica especialmente relevante es la del *stealthing* pues, en tanto entraña la retirada o la rotura voluntaria y no consensuada del preservativo durante el desarrollo de la interacción sexual, produce una clarísima afectación al consentimiento sexual brindado. Y ello porque el *stealthing* tiene lugar en el contexto de una relación sexual que comenzó siendo consentida por las partes intervinientes pero que, en su transcurso, opera un cambio en las condiciones bajo las cuales se prestó el consentimiento inicial. Sin embargo, no es posible "revalidar" la voluntad de la pareja sexual porque la conducta se despliega de forma subrepticia y sin el conocimiento de ésta.

Una de las primeras ficciones audiovisuales que quiso evidenciar que el asunto del consentimiento sexual es algo mucho más complejo que decir *sí* o *no* es la serie británica *I May Destroy You (Podría destruirte)*, de 2020, creada, escrita, coproducida y protagonizada por Michaela Coel. La protagonista de la serie es Arabella, una autora británico-ghanesa, *influencer* en las redes sociales y superviviente de una agresión sexual a través de sumisión química, que representa la propia experiencia vivida por su creadora. Esta obra tiene como hilo narrativo central los recuerdos de la protagonista y la investigación que lleva a cabo para averiguar lo que pasó real-

51 Sentencia 17/2021, de 15 de febrero de 2021. Recurso de amparo 3956-2018.

mente, así como su proceso de recuperación con la ayuda de sus dos amigos más cercanos, Terry y Kwame. La vida sexual de éstos, junto con otras experiencias sexuales de Arabella, plantean, a lo largo de sus doce episodios de treinta minutos de duración con una estructura narrativa perfecta, situaciones en las que determinar límites del consentimiento resulta una tarea compleja.

En el capítulo 5 de la serie, titulado *"It Just Came Up"*, Arabella y su ayudante literario Zain tienen un encuentro sexual y, al terminar ella le dice:

> *–Hay un cubo de basura en frente, perdona.*
>
> *–¿Qué?*
>
> *–Para tirar el condón.*
>
> *–Ah...*
>
> *–¿Dónde lo has puesto?*
>
> *–Me... me lo he quitado. Creía que... Mierda. Es que estaba incómodo...*
>
> *–Es coña.*
>
> *–No, no. Mira, está... Está ahí. Creí que lo sabías. ¿No lo has notado?*
>
> *–No. No lo he notado.*
>
> *–Lo siento. Lo siento mucho.*
>
> *–¡Zain!*
>
> *–No, no quería parar porque estaba... igual para ti ha sido normal, pero para mí ha sido flipante.*
>
> *–No, pero, Zain, ahora tengo que tomarme la pastilla. No me jodas.*
>
> *–Lo siento mucho. Pero ha sido un polvo de la hostia.*
>
> *–La vas a pagar tú.*

SEASON 1, EPISODE 4: "That Was Fun"
HBO

HBO

Más tarde, en una escena en comisaría, Arabella se entera de que esta práctica es bastante común y pregunta al policía:

> *–¿Quitarse el condón a escondidas?*
>
> *–Es violación.*
>
> *–Está bien saberlo.*
>
> *–El problema es que cuando las personas no saben qué es delito y qué no, no denuncian. Y el culpable queda impune.*
>
> *–Gracias.*

Hay sectores de la doctrina penalista que entienden que el reproche penal del *stealthing* como una forma de agresión sexual viene determinada por el hecho de que el acto de retirar el preservativo sin consentimiento vicia el consentimiento inicial del encuentro sexual. Sin embargo, el Tribunal Supremo español ha afirmado, en su única e importante sentencia sobre este asunto, la 3418/2024, lo siguiente: "La forma de abordar un caso como el que analizamos no es la de negar relevancia al consentimiento por estar viciado por un engaño. Si lo entendiésemos así se desbocaría el principio de intervención mínima invadiendo el derecho penal ámbitos que no reclaman la activación de la más poderosa herramienta de represión que maneja el Estado. Si convertimos un consentimiento prestado por engaño en la base de un delito de agresión sexual llegaríamos a una insoportable y asfixiante intromisión del derecho penal en el ámbito afectivo sexual de los ciudadanos. No hay fórmula satisfactoria para seleccionar solo algunas de las variadísimas formas de engaño imaginables. Nos adentraríamos en una pendiente resbaladiza en la que no habría forma racional de establecer límites. No encontraríamos razones para negar la tipicidad de un acceso carnal logrado con la falsa promesa de amor incondicional que solo enmascara el afán de placer sexual. El intento de discriminar entre unas motivaciones protegibles y otras no tutelables, llevaría a una justicia penal que se inmiscuyese de forma ilegítima en la autodeterminación sexual del ciudadano".

En los casos de *stealthing*, por tanto, no procede indagar sobre los vicios del consentimiento, pues esto resulta superfluo a los fines de abordar su relevancia penal. Se trata, más bien, de atender al contenido del consentimiento prestado, pues solo si éste es desbordado de forma esencial, no accidental o accesoria, habrá delito contra la libertad sexual, se haya producido engaño o no. Esto significa que la pregunta a formular no es si el consentimiento estaba viciado por un error esencial provocado, sino si el acto sexual concreto era consentido o se apartó esencialmente de lo que se había aceptado.

A diferencia de otras prácticas engañosas para conseguir un encuentro sexual como el fraude sobre un estado civil concreto, aparentar tener una condición económica holgada, la utilización de la píldora anticonceptiva, ocultar la enfermedad venérea de que se aqueja o prometer falsamente de ser fértil para lograr el acceso con quien busca quedar embarazada, en las que no habría agresión sexual, el *stealthing* es constitutivo de dicho tipo penal por modificar la modalidad de contacto físico entre las partes. La desaparición de la barrera física que establece el preservativo implica imponer un contacto directo de los cuerpos y vulnerar lo que Rubenfeld llama *"right to self-possession"* (dominio o posesión sobre nuestros propios cuerpos)[52].

Por tanto, lleva razón Arabella, cuando, en el acto de presentación de su libro, afirma:

> *Antes de nada, les doy las gracias a mis representantes Susy Henny y a Henny House. Estoy muy contenta de estar aquí, entre tantos escritores con talento. Zain Sareen es un violador. Se quitó el preservativo mientras estaba en la cama conmigo. Le quitó hierro al asunto y me engañó con tal habilidad que ni siquiera tuve un segundo para comprender el delito que se había cometido. Creo que es un depredador. Ha aparecido otra mujer que me ha informado de la misma experiencia. Así que no soy la primera. Si no aprovecho esta oportunidad para decirlo ahora, seguro que no seré la última. Es violación. No es un abuso, ni un desliz. Es un violador, según la ley de este país. En Estados Unidos sería un abuso, en Australia un desliz.*

El Tribunal Supremo español es claro al afirmar que "debemos manejar en exclusiva la dimensión estrictamente sexual o corporal, física, del acto y no otros aspectos igualmente importantes (móvil de puro disfrute o manifestación de amor comprometido;

52 García, María Fernanda (2024): "Delitos sexuales y nuevas formas de criminalización. Stealthing: el consentimiento sexual a debate", *Derecho Penal Criminología,* 45 (119), p. 45.

potencialidad reproductiva; riesgo sanitario) pero irrelevantes a estos fines. Entre esos factores no determinantes están la apertura o no a la reproducción, o los riesgos sanitarios. Esas perspectivas no están involucradas en este tipo". De modo que, una penetración con preservativo es algo sustancialmente diferente a la misma acción sin él en cuanto a la afectación del dominio o posesión sobre nuestros propios cuerpos y de la propia autodeterminación sexual. Pues "muta la dimensión sexual del acto y no solo su potencialidad generadora o el eventual riesgo sanitario, ajenos a estas tipicidades"[53]. En estos casos, por tanto, la condena que procede es la de agresión sexual sin penetración, no porque ésta no se produzca, sino porque había sido consentida inicialmente.

53 Sentencia del Tribunal Supremo 603/2024, de 14 de junio.

7 Consentir es querer, no necesariamente desear

La idea fuerte de *La Condanna* de Bellocchio, que alude a la necesidad de dar rienda suelta a los deseos a menudo inconscientes –incluso de violación–, para alcanzar el placer, provocó importantes protestas por parte de algunos sectores del movimiento feminista tras su estreno. Bellocchio contestó con más provocación: *"A las mujeres hay que obligarlas a gozar. Toda la película es una metáfora sobre esa idea y la condena a la que se refiere el título es la que las mujeres hacen pagar a los hombres que les proporcionan placer (...) Las mujeres no se permiten el deseo, sino una sexualidad vinculada a la fantasía de la maternidad que esconde el deseo"*[54].

Recientemente Clara Serra ha defendido que las mujeres tenemos derecho a "desear mal" en el ámbito sexual, esto es, a desear más allá de los cánones de lo que se considera un "deseo civilizado" o ético que, en nuestro caso, ha sido tradicionalmente asociado al "sexo con amor", con cuidado o con ternura. Por tanto, las mujeres tenemos derecho a desear tener encuentros sexuales que

54 Marco Bellocchio citado en "El último filme de Bellocchio, atacado en Italia por apología de la violación", *El País*, 28 de marzo de 1991.

incluyan una relación de poder o incluso algún tipo de violencia cuando ésta es consensuada. En sus palabras: "no son buenos los discursos de esa parte del feminismo que entiende que las mujeres siempre tenemos deseos mesurados y civilizados, puros y libres de intoxicaciones patriarcales. Las mujeres podemos fantasear con la dominación o puede erotizarnos la violencia. Las mujeres tenemos derecho a desear sin límites"[55].

Cuando Yasmina, la expareja de Alexandre en *El Acusado*, es interrogada en el juicio, el abogado de la defensa le pregunta:

> *–Señorita Vasseur, en el móvil del señor Farel hemos encontrado ciertas conversaciones por correo. En uno de los mensajes, Alexandre le dice, cito, "que quiere hacerle daño".*
>
> *–Es un diálogo normal entre dos personas que se desean.*
>
> *–Y también le escribió: "eres una puta, pero estoy muy enamorado de ti".*
>
> *–No es agresivo, nos gustaba decirnos eso.*
>
> *–Le agradezco que diga eso. Quiero recordar que la parte civil alega que el señor Farel le dijo a la denunciante en la caseta, después de que se besaran "chúpamela, puta" y "te voy a hacer daño". Expresiones que suele usar, lo que demuestra que la relación que tuvo con la demandante fue normal. Señorita Vasseur, ¿le pidió usted a mi cliente que escribiera un relato sobre una aprendiz y una asesora política?*
>
> *–Sí y me arrepiento. Ahora veo que le hice un flaco favor.*
>
> *–Nada más que añadir.*

55 Serra, Clara (2024): *El sentido de consentir*, Barcelona: Anagrama, p. 85.

El debate sobre el potencial que el sadomasoquismo puede tener para el empoderamiento de las mujeres porque contradice los roles convencionales de género, es un asunto que ha estado históricamente presente en el feminismo en relación con debates más amplios sobre el sexo en el marco de las *Sex Wars* de los años setenta del siglo XX, y sigue presente en el día de hoy. Las feministas *pro-sex*, por un lado, defienden que el sadomasoquismo es una práctica que puede resultar capacitante para las mujeres y que, en consecuencia, cualquier intento de regular el sexo es represivo por perpetuar su subordinación en lugar de subvertirla. En palabras de Katherine Franke, "ello resulta paternalista y recuerda las actitudes antisexo victorianas que niegan la sexualidad femenina y refuerza la vigilancia sexual social"[56]. Si bien este sector del feminismo comparte la ubicuidad de la opresión de las mujeres, no acepta la visión del otro sector que entiende que su agencia sexual siempre está limitada en el marco de la cultura de agresión y dominación sexual masculina en la que se ubica. El feminismo *pro-sex* apuesta

56 Franke, Katherine M. (2001): "Theorizing Yes: An Essay on Feminism, Law and Desire", Columbia Law School Scholarship Archive, 101, p. 200.

por una cultura sexual alternativa en la que prácticas habitualmente codificadas como violentas forman parte del repertorio erótico buscado[57].

Las feministas radicales, por otro lado, afirman que el sadomasoquismo, lejos de ser una práctica liberadora para las mujeres, es un claro ejemplo del sexismo institucional y del patriarcado. Impugnan la erotización de las relaciones de dominación y sumisión, y sostienen, como expuse, que la autonomía sexual de las mujeres y el consentimiento no tienen sentido en un régimen sexual fundamentalmente marcado por la coerción sexual masculina. A su parecer, cuando las mujeres quieren tener encuentros sexuales violentos lo hacen porque han sido engañadas por las injustas condiciones sociales del patriarcado para que formen esos deseos "deformados". Por mucho que las mujeres acepten determinados pactos sexuales en el ámbito del trabajo sexual, la pornografía o las relaciones sadomasoquistas, esos *síes* deben ser invalidados por la ley porque las condiciones para consentir están condicionadas por la asimetría, y porque la voluntad expresada a través de ellos es producto de la intoxicación patriarcal.

La violencia consensuada en las relaciones sexuales como parte de la autonomía sexual de la mujer ha sido abordada por el cine. En *Maîtresse* (1976), de Barbet Schroeder, se narra la historia de Ariane (Bulle Ogier), una mujer que ejerce profesionalmente como dominatriz recibiendo clientes en el sótano de su casa. Olivier (Gérard Depardieu) irrumpe en ella para robar y, al descubrir sus prácticas,

57 Varela, Cecilia (2023): "Entre la movilización feminista y la administración de la justicia: los contornos del consentimiento sexual en debate", *Pasado Abierto*, 17, enero-junio, p. 23.

se siente atraído por Ariane. Ambos inician una relación intensa y poco convencional, en la que los celos de Oliver se acrecientan hasta el punto de tratar que abandone su trabajo, a lo que ella se niega dejando claro que el BDSM (disciplina, sumisión, sadomasoquismo) no es solo su medio de vida, sino una forma de autodeterminación. Otra de las películas más emblemáticas sobre el asunto es *Secretary* (2002), de Steven Shainberg, que es una adaptación muy libre del cuento del mismo título de Mary Gaitskill, incluido en la colección de relatos *Bad Behavior* (*Mal comportamiento*) de 1988. El *film* relata la relación de amor entre dos espléndidos Lee Holloway (Maggie Gyllenhaal), la secretaria, y E. Edward Grey (James Spader), su jefe. Ambos participan en un juego de dominación y sumisión en el que Grey impone reglas estrictas y Lee obedece con entusiasmo. Una Maggie Gyllenhaal en estado de gracia es capaz de transmitir al espectador, a través de la mirada y de pequeños gestos, que la sumisión a las peticiones de su jefe la conducen a lo más parecido a un despertar que le reporta una nueva forma de autonomía y control sobre su cuerpo y deseos. Pero las dos películas que me resultan más relevantes sobre esta temática y que tienen como protagonista a la misma actriz, Isabelle Huppert, son *La pianiste (La pianista)*, de Michael Haneke (2001) y *Elle*, de Paul Verhoeven (2016).

La primera es una adaptación cinematográfica de la novela *Die Klavierspielerin (La pianista)*, escrita por la premio Nobel alemana Elfriede Jelinek (1983), y cuenta la historia de la tardía iniciación sexual de una profesora de conservatorio de Viena a través de una relación íntima con su joven estudiante basada, principalmente, en el sexo sadomasoquista. La profesora es Erika Kohut (Isabelle Huppet), mujer que está llegando a los cuarenta años de edad y que vive con su dominante y anciana madre. El estudiante es Walter Klemmer (Benoît Magimel), un alumno bello y aventajado que se enamora de su profesora de piano y que quiere tener con ella una relación romántica convencional, sin embargo, Erika pretende otra cosa.

La magnífica Huppert da vida a una profesora elitista, altanera, que humilla a sus alumnos por su falta de talento, que es, a su vez, una niña sometida a la dominación casi incestuosa de su madre. La represión en la que vive encuentra una tímida liberación a través del consumo de pornografía o de actos sexuales de autoflagelación. Klemmer representa la oportunidad de hacer realidad la sumisión y el sadismo que inundan sus anhelos. Erika obliga a éste a leer en voz alta sus deseos plasmados en una carta donde le indica cómo le gustaría que se desarrollaran sus encuentros, pidiéndole que le inflija un gran dolor a través de golpes, sentándose sobre su cabeza, etc y que, en caso de que le pida que se detenga, él siga adelante, aunque le implore. A partir de aquí Klemmer transforma su admiración y atracción hacia ella en asco y repugnancia.

La música es protagonista en la película de Haneke. El Andantino de la *Sonata en La mayor* de Schubert aparece hasta en dos ocasiones en el *film*. Éste se inicia con una lánguida melodía contra la que se revela una arrebatada sección de sonoridades violentas que, sin embargo, conduce de nuevo a la repetición de la sección inicial. De este modo, el destino acaba por imponer su voluntad, encarnando el fracaso de la relación entre la pianista y su alumno, y el infortunio de la vida sentimental de Erika en general. Por otro lado, Christian Berger, el habitual director de fotografía de Haneke, emplea principalmente tomas estáticas. La fría austeridad de la fotografía del *film* es la misma frialdad de su protagonista: Erika es un rostro hierático a excepción de su mirada.

En la escena culmen de la película, el estudiante irrumpe violentamente en el apartamento de Erika y trata de reproducir todo lo leído en la carta, procurándole una importante paliza a la vez que la penetra. Durante el asalto, Klemmer no deja de preguntar si es eso lo que ella desea, lo que le ha pedido en la carta. Erika no contesta, llora y le ruega repetidamente que se detenga:

> *–¿Es esto lo que quieres?*
>
> *–Para, por favor.*
>
> *–Entonces, ¿qué?*
>
> *–Esto no, para, te lo ruego.*
>
> *–¿Dónde hay agua?*
>
> *–En la cocina.*
>
> *–No creas que me excitas. Enseñándome tu patético cuerpo. ¿Sabes, Erika? Me doy cuenta de que no estoy siendo muy amable. Pero si lo piensas bien, reconocerás que en parte es culpa tuya. ¿Es verdad? ¿sí o no?*
>
> *–Sí.*
>
> *–Tengo razón.*
>
> *–Sí, Walter.*

La madre de Erika grita desde su habitación.

> *–¡Erika!*
>
> *–¿Sí?*
>
> *–¿Cómo estás?*
>
> *–Bien, gracias.*

Él vuelve junto a Erika y continúa.

> *–No puedes excitar así a un tío y luego refugiarte en el hielo.*
>
> *–¡No, en la cara y las manos no!*
>
> *–¿Por qué me haces esto? Me tranquilizo e intentas jugármela. Colabora un poco, joder. Quiero aprender a jugar, profesora. Pero no únicamente con tus reglas. No se puede hurgar dentro de la gente así y luego rechazarla. Sé un poco amable, por favor".*

Se acerca a ella y le toca un pecho. Ella se aleja arrastrándose:

> *–¡Ah!*
>
> *–No puedes dejarme marchar así.*

Walter se acerca y se tumba encima de ella. La besa y la penetra. Ella está quieta, no responde a sus besos:

> *–Para, por favor.*
>
> *–Tienes que darme un poco más. Ahora no puedes dejarme solo. Ámame, por favor.*

Continúa penetrándola, ella sigue inmóvil.

> *–Esto significa que debería irme ya, ¿verdad? Te rogaría que no contases esto a nadie, es por tu propio bien. No se puede humillar así a un hombre, no se puede. ¿Estás bien? ¿necesitas algo? ¿Estás bien? ¿Sabes? El amor hiere, pero no mata. Adiós.*

Cuando termina, Klemmer deja a Erika maltratada y ensangrentada.

La pianista acaba con Erika asistiendo a un auditorio donde interpretará a Schubert como sustituta de uno de sus alumnos. Al ver a Walter que la saluda como si apenas la conociera, se apuñala en el pecho lateral con un cuchillo de cocina que lleva en su bolso. Incluso en este momento Erika se contiene, permitiéndose apenas una mueca antes de volver a ser un rostro inexpresivo. A continuación la cámara ofrece un plano estático del exterior de la sala de conciertos mientras ella sale con la sangre brotando a través de la tela de su camisa. Erika abandona el plano, pero la cámara permanece fija mostrando el paso de los coches, un mundo exterior que continúa su ritmo mientras una mujer se desmorona.

En *Elle*, (Paul Verhoeven, 2016), una adaptación de *Oh…*, la novela de Philippe Djian (2012), Michèle Leblanc (Isabelle Huppert) es una empresaria de éxito de la industria de videojuegos para adultos. Separada y con un hijo, vive sola en un suburbio parisino acomodado y mantiene una relación sexual con el marido de su mejor amiga. La película comienza con el sonido de un cristal rompiéndose y los ojos inescrutables de un gato que mira a la cámara, que acto seguido enfoca la brutal violación de su dueña por un desconocido encapuchado. Este hecho, sin embargo, no impide a Michèle continuar su vida como si nada hubiera sucedido. Pues como dice el propio Verhoeven "es una mujer que no quiere ser una víctima y que, básicamente, dijo: 'esto pasó, y no cambiará el día siguiente para mí'"[58]. El pragmatismo de Michèle se acentúa visualmente con su ubicación en el espacio: en muchas tomas o Michèle o su en-

58 https://mubi.com/en/notebook/posts/pumping-it-up-paul-verhoeven-discusses-elle.

torno no están enfocados con nitidez y, con frecuencia, el enfoque cambia dentro de las tomas.

Cuando identifica por ella misma al violador, que es su vecino Patrick, no solo no lo delata, sino que busca tener nuevas interacciones sexuales violentas con él. Hay una escena fundamental del *film* en la que, después de una cena en casa de Patrick, en la que Michèle se muestra reiteradamente provocativa, bajan juntos al sótano. Patrick comienza a recrear la escena de la violación inicial, agrediendo a Michèle. En ese momento ella le dice: *"hazlo"*. Dicha orden inmoviliza a Patrick que responde: *"no funciona así... no para mí, tiene que ser como antes"*, levantándose del suelo y dispuesto a marcharse. En un intento por provocarlo, Michèle abofetea a Patrick repetidamente hasta que él toma represalias. Patrick reanuda su asalto a Michèle, desabrochándose los pantalones y penetrándola. Michèle tiene un gran orgasmo.

Michèle es quien domina la recreación de la violación, no solo dando su consentimiento, sino deseándola activamente. Su orgasmo, que genera rechazo en Patrick, es la prueba de dicho dominio y es, a su vez, su manera de vengarse de él. Verhoeven cambia de este modo la clásica narrativa cinematográfica de la violación basada en la jerarquía entre el violador y la violada. A su vez, Erika es quien ha negado su varonil prerrogativa a Klemmer, ya que la escena en que es atada, amordazada y penetrada con violencia por él no es más que una recreación de lo que ella ha escrito en su carta. El rechazo de Erika a seguir el rol asignado a la mujer en la conservadora Viena de la época es lo que desconcierta y enfurece a Klemmer. Cuando comienza a golpearla, le dice: *"no hay nada peor que una mujer que quiere reescribir la Creación"*, dándose cuenta de que ella no solo está destruyendo la narrativa del amor romántico, sino que también está tratando de usurparle su posición como hombre.

Elle, aborda magníficamente otra de las cuestiones fundamentales en el asunto del consentimiento sexual: la necesidad de distinguir entre deseo y voluntad. Pues, como no puede ser de otro modo, para la ley solo puede ser relevante la última. La inicial violación de Michèle –de su voluntad– resulta ser después deseada por ella, por lo que trata de reproducirla. Sin embargo, su deseo no desprende a la agresión inicial de su carácter de tal y, por ello, toma la decisión de denunciar a su violador anteponiendo el hecho de que éste ha violentado su voluntad –y que puede violentar la de otras mujeres– a su propio deseo y placer.

Si bien es cierto que la fascinación de Erika y Michèle por las conexiones entre dominación, poder y placer sexual no justifica en modo alguno su violación, asociar sus deseos al patriarcado –como lo hace ese sector del feminismo que considera que estas fantasías relacionadas con la sumisión son un ejemplo más de haber interiorizado el sistema patriarcal, donde los hombres mandan y las mujeres obedecen– sería tanto como negar sus esfuerzos por constituirse como sujetos sexuales y, por ende, su propia autonomía y agencia sexual, así como el libre desarrollo de su personalidad[59].

A este respecto, resulta significativa, sin alcanzar la agudeza de *Elle* o de *La pianiste*, la recientemente estrenada en el Festival de Venecia *Babygirl*, de la holandesa Halina Reijn, directora que ha trabajado en el pasado con Paul Verhoeven. En ella Reijin pretende contar, según sus propias palabras en distintas entrevistas, que la práctica

59 Deckha, Maneesha (2007): "Pain, Pleasure, and Consenting Women: Exploring Feminist Responses to S/M and Its Legal Regulation in Canada through Jelineks *The Piano Teacher*", *Harvard Journal of Law & Gender*, 30, p. 437.

sexual de la dominación también puede ser feminista. Nicole Kidman interpreta a Romy, una mujer madura laboralmente exitosa y felizmente casada con Jacob –Antonio Baderas– que, sin embargo, solo encuentra satisfacción en su vida sexual cuando conoce a Samuel –Harrys Dickinson–, un joven becario con el que mantiene una relación sexual de dominación en la que ella es humillada y sometida al poder de él.

Hay una escena en el *film* que pone en evidencia que en el BDSM los participantes son conscientes de los riesgos que su puesta en práctica conlleva y, a pesar de ello, consienten participar. En ella Samuel dice a Romy:

> *–Si continuamos con esto debe ser consensuado.*
>
> *–¿Qué significa eso?*
>
> *–Bueno, se trata de dar y tomar el poder ¿no? Si vamos a hacer esto necesitamos establecer algunas reglas en las que tú y yo estemos de acuerdo. Empezando por decirte lo que debes hacer y tú lo haces.*

> *–Oh, vamos. Por dios, ya está bien.*
>
> *–Mira, esto es lo que quiero decir. De esto es de lo que te estoy hablando.*
>
> *–No, lo siento, lo siento mucho.*
>
> *–No, no, no, espera. Vamos, siéntate. Vuelve a sentarte, por favor. Así es como funciona.*
>
> *–¿Cómo funciona qué? No sé…*
>
> *–Esto, la dinámica. Se trata de confianza.*
>
> *–Pensé que habías dicho que tenía que ser algo consensuado.*
>
> *–Así es Romy, el consentimiento, de eso se trata. Eso es el consentimiento, tienes que estar de acuerdo con ello. Tienes que… Ambas partes tienen que estar de acuerdo con ello. Eso es el consentimiento.*

Pero especialmente elocuente resulta otra escena en la que Jacob defiende las tesis del feminismo radical frente a Samuel:

> *–Ella te usó. Ella abusó de ti, lo sabes ¿verdad? Humillación, sumisión, dominación, como quieras llamarlo. Es simplemente neurótico, ¿verdad? El masoquismo masculino no es más que una fantasía masculina. Es una construcción masculina.*
>
> *–No, no, estás equivocado. Esa es una idea anticuada.*
>
> *–¿Una idea anticuada?*
>
> *–Sí, es una idea anticuada de la sexualidad. Lo lamento, pero no lo entiendes.*

Erika, Michele y Romy "desean" ser sometidas sexualmente, pero ello a la ley no le importa, pues lo relevante desde un punto de vista penal es si ellas "querían" mantener las relaciones sexuales

tal como se produjeron. Solo si su voluntad es ser dominadas, habrán consentido. Cualquier ley que pretenda salir del ámbito de la voluntad –que es la que determina la autonomía y la agencia– convierte a las mujeres en menores de edad, y solo los menores no pueden consentir en ningún caso por carecer de madurez. El sexo consentido puede ser o no placentero, puede ser o no doloroso, puede ser o no traumático, puede ser o no deseado, y no por ello hay violencia sexual, a ésta solo se le reserva el ámbito de la voluntad. Pretender que quede fuera de los parámetros de la legalidad todo sexo que no sea fruto de una relación perfectamente equilibrada, basada en el diálogo, en el respeto, en la responsabilidad emocional y afectiva y en el deseo de todas las partes implicadas, parece una postura más encaminada a proteger una determinada moral sexual que a poner en primer plano la protección de la libertad sexual individual.

8 ¿El yugo del poder?

Si la autonomía sexual de una persona es vulnerada cuando se le somete a una conducta sexual no consentida o cuando se le impide tener relaciones sexuales consentidas, el consentimiento es el medio a través del cual una persona ejerce y expresa dicha autonomía. De tal modo que el consentimiento existe cuando dos (o más) personas están de acuerdo en realizar una determinada práctica sexual en un momento concreto, y se vulnera cuando se fuerza a ella. Ahora bien, existen supuestos en los que la ley considera que el consentimiento sexual carece de validez: aquellos en los que, aun estando presente, no tiene la entidad suficiente como para ser tomado en consideración a efectos penales. Son los supuestos en los que el consentimiento sexual está viciado porque quien lo presta es menor de edad o una persona con un determinado grado de discapacidad; o porque quien lo concede se halla condicionado por una causa externa que opera a modo de mandato psicológico.

La sentencia del Tribunal Supremo español 187/2020, de 20 de mayo, define el prevalimiento "como un supuesto de desnivel notorio entre las posiciones de ambas partes, en las que una de ellas se encuentra en una manifiesta situación de inferioridad que restringe de modo relevante su capacidad de decidir libremente (consentimiento viciado), y la otra se aprovecha deliberadamente de su posición de superioridad, bien sea laboral, docente, familiar, económica, de edad o de otra índole, consciente de que la víctima no cuenta con libertad para decidir sobre una actividad sexual impuesta"[60]. Veamos a continuación algunos de los supuestos en los que, a ojos de la ley, el consentimiento está viciado y preguntémonos si siempre y en todo caso dicha limitación de la autonomía sexual está justificada.

8.1. Donde el sí no existe

En las sociedades occidentales los avances neurocientíficos y psicológicos hicieron que, a partir del siglo XX, la mayoría de los países elevaran la edad del consentimiento sexual a una horquilla de entre los catorce y los dieciocho años de edad, a excepción de Francia. Dichas reformas legales son paralelas a la toma de conciencia de que la inmadurez cognitiva y emocional merma la capacidad de la personas en desarrollo de tomar decisiones conscientes e informadas sobre su propia sexualidad[61].

En el caso de España, la edad del consentimiento sexual son los dieciséis años desde la reforma del Código Penal operada en el 2015, por lo que cualquier relación sexual entablada con un menor de esa edad constituye un delito de agresión sexual. La Circular 1/2017, de 6 de junio, sobre la interpretación del art. 183 quater del Código Penal dispuso que, "tras la reforma de 2015, nuestro Código Penal establece una presunción *iuris tantum* de falta de

60 STS 187/2020, de 20 de mayo.
61 Según determinados estudios, la realidad fisio-neurológica evidencia un desarrollo continuo del cerebro hasta edades incluso superiores a las edades del consentimiento sexual, que se completaría en la franja de edad de los veintidós a los veinticinco años. Ramos Morales, Michelle (2019): "Neurociencia la capacidad de consentimiento sexual del menor víctima", *Revista Jurídica Universidad de Puerto Rico*, 88(4), p.1188.

capacidad de los menores de dieciséis años para consentir relaciones sexuales. Y ello porque se entiende que, durante la minoría de edad sexual, la persona se encuentra en una situación de desigualdad madurativa que le impide decidir y, por ende, consentir libremente. En estos casos, no se da en puridad una actividad sexual compartida, dada la diferencia de experiencias y expectativas en la relación sexual. Ahora bien, se excluye la responsabilidad penal cuando el menor tiene dieciséis años y la persona con la que consiente libremente tener relaciones sexuales es próxima a él por edad y por grado de desarrollo o madurez física y psicológica –art. 183 bis CP–". La cercanía de edad y el criterio de la proximidad de madurez o desarrollo es cumulativo, esto es, no es alternativo al objeto de evitar el fomento de la pederastia.

Desde *Lolita*, tanto la versión de Staley Kubrick (1962) como la de Adrian Lyne (1997), a *L'amant (El amante)*, de Jean-Jacques Annaud (1992), pasando por títulos como *Le souffle au coeur (El soplo al corazón)*, de Louis Malle (1971), *Kung-fu master*, de Agnès Varda (1987) u otros más recientes como el último film de Catherine Breillat, *L'Été dernier* (El verano pasado), (2023), las relaciones sentimentales y/o sexuales entre personas adultas y menores de edad han tenido un amplio reflejo en el cine. Algunas de ellas han generado más o menos polémica que otras en función de su carácter más o menos carnal o más o menos sexista, pero todas ellas plantean un asunto, el del consentimiento sexual de los menores de edad, para el que si ahora el Derecho ofrece una respuesta más clara, no siempre ha sido así.

El conocido como *Pensée 68* hace referencia a los movimientos intelectuales surgidos al calor del mayo del 68. Junto con la crítica al sistema capitalista, al autoritarismo y al cuestionamiento de las normas tradicionales, las ideas filosóficas de dicho movimiento promovían una ética de la libertad y de la emancipación que dio cabida, bajo el paraguas de la revolución sexual, a conductas que hoy están penadas. En una entrevista filosófica en la cadena de radio pública *France Culture* en 1978 a los pensadores Michel Foucault, Jean Danet y Guy Hocquenghem, el primero afirmó: "*sí es sí* incluso para un niño, después de todo, escuchar a un niño, oírlo hablar, oírlo explicar cuál fue realmente la relación que tuvo con alguien, adulto o no, siempre y cuando uno lo escuche con suficiente empatía, debe poder permitir establecer más o menos cuál fue el régimen de violencia o de consentimiento al que fue sometido"[62]. Para el autor de *Historia de la Sexualidad*, era intolerable suponer que un menor es incapaz de dar un consentimiento significativo para tener relaciones sexuales.

Bajo el espíritu de la época, intelectuales de la talla de Jean-Paul Sartre, Simone de Beauvoir, Philippe Sollers, Jack Lang, Bernard Kouchner, el citado Michel Foucault, Jacques Derrida y Gilles Deleuze, entre otros, a los que se sumaron médicos, psicoanalistas y psiquiatras, no dudaron en firmar cartas y manifiestos a favor de la despenalización de las relaciones "consentidas" entre adultos y menores y a favor de la pedofilia, con el firme apoyo de periódicos como *Libération* o *Le Monde*. Señalando la discrepancia entre una ley anticuada y las costumbres sexuales del momento, estos textos argumentaban que cuando no había violencia física involucrada, a los menores se les debería otorgar plena libertad para tomar sus propias decisiones sexuales.

62 En el programa de radio "Dialogues", *France Culture* (4 de abril de 1978), diálogo entre Michel Foucault, Jean Danet y Guy Hocquenghem.

Fruto de dicha época es una de las películas más polémicas de Louis Malle, *Le souffle au coeur*, 1971, que cuenta la relación entre el joven Laurent (Bennoît Ferreus), de 14 años, y su madre Clara (Lea Massari), que deriva en un encuentro incestuoso entre ambos. La escena en que sucede el encuentro carnal entre madre e hijo tiene una importante carga simbólica, pues la consumación se produce durante la celebración del 14 de julio francés, día de la Liberación, que alude a esa liberación de las ataduras morales que propugnan los postulados del 68. En ella, el alboroto de la gente que celebra en las calles contrasta con la tenue luz que alumbra la estancia donde se producen los hechos. Tras la relación sexual se produce la siguiente conversación entre madre e hijo:

> *–No quiero que seas así, no quiero que seas desgraciado. Ni que te arrepientas. Nos acordaremos de esto como un momento muy bonito. Muy hermoso, que no se repetirá jamás.*
>
> *–Y ahora, ¿qué va a pasar?*
>
> *–Nada, no hablaremos de ello, será un secreto entre nosotros. Y cuando me acuerde no sentiré remordimientos sino ternura. ¿Entiendes? Y tú harás otro tanto. ¿Me lo prometes?*

"El incesto es un falso problema", declaró Louis Malle a un crítico de *La Revue du Cinéma* en 1971, con ocasión del estreno de la película. Malle, como los artistas y pensadores del 68, entendía que el tabú del incesto ayuda a mantener las estructuras de una sociedad rígida pero que, a partir del momento en que esas estructuras se desmoronan, como estaba sucediendo en ese momento, dicho tabú debía desaparecer. Para el director francés, la prohibición del incesto carecería entonces de justificación y estaría predestinada a desaparecer: "no veo lo que puede haber de horrible en que una madre haga el amor con su hijo. Si genéticamente el resultado sobre varias generaciones es desastroso, se puede imaginar que esta sea la única razón válida por la que este tabú haya sido tan fuerte y tan imperativo, pero con la píldora anticonceptiva este problema está resuelto... Puede parecer una broma lo que digo. Nos encontramos en una sociedad en que este peligro no debería ya existir. Es un ejemplo, pero hay muchos otros similares al respecto. Continuamos viviendo en un sistema de tabúes, una escalada de valores morales que de hecho no corresponden ya a la realidad técnica, científica de nuestra civilización"[63].

Al calor del *#MeToo* francés, movimiento que adopta el *hashtag* de *#BalanceTonPorc*, han sido muchas las voces, principalmente de mujeres, que han traído a la palestra el grado de permisividad de este período de la historia francesa con las relaciones sexuales entre adultos y menores, con la pederastia y con el incesto. Y se han atrevido a denunciar, a través sus creaciones literarias y audiovisua-

63 Breder, Debora (2017): Louis Malle y la pasión del incesto: Notas sobre *El soplo al corazón (Le souffle au coeur)* y *Obsesión (Damage), Cuicuilco. Revista de ciencias antropológicas,* 70, p. 34. pp. 31-45.

les, los abusos que sufrieron por parte de sus padres, padrastros, amigos de sus padres, etc., dando lugar al movimiento *#MeTooInceste*.

La obra que desató el escándalo en Francia en 2021 es el libro *Le Consent (El consentimiento)*, de la escritora Vanessa Springora, en el que relata la seducción, el engaño y el abuso al que fue sometida a sus catorce años de edad por el prestigioso escritor e intelectual francés Gabriel Matzneff, de cincuenta. Springora ha afirmado en sus entrevistas que en la atmósfera de amor libre y liberación sexual de la década de 1970, reprimir la sexualidad juvenil se consideraba una forma de opresión social, y limitar las relaciones sexuales a aquellas entre individuos del mismo rango de edad constituía una forma de segregación. La lucha contra cualquier freno al deseo, cualquier tipo de represión, fue la consigna de la época; nadie habló en contra, excepto unos pocos puritanos y tribunales reaccionarios.

En 2024 se estrenó la adaptación cinematográfica del libro de Springora por parte de Vanessa Filho, que adopta el punto de vista de la menor como opción narrativa. El *film* representa con angustiosa calma las estrategias de seducción del depredador y la contradicción constante en que vive su víctima, magníficamente interpretada por una joven Kim Higelin, que cree propios los deseos de su agresor. La voz en *off* de Matzneff suena mientras Vanessa sorprendida lee la carta que éste le envía:

> *Querida Vanessa,*
>
> *Hoy me atrevo a escribirte una carta mojada en la sangre de mi corazón. Pero esta pluma es insuficiente para describirte el delicioso torbellino que has despertado en mí. He intentado luchar en vano*

contra el hechizo que lanzaron tus preciosos ojos sobre mí aquella tarde de noviembre. Me persigues. Pero no eres como las demás. Querida Vanessa, eres encantadora. Desearía tener la oportunidad de ser el confidente de tu corazón y el guardián de tus deseos. Bastaría con tener tus dedos sobre los míos. Nunca me había sentido tan vulnerable. Mi dulce princesa. Estoy preocupado, tal vez me equivoque, pero no sé razonar conmigo mismo. Querida Vanessa, tu ausencia es una tortura. No tener noticias tuyas es insoportable, pero tengo que ser paciente. No eres como las demás y lo percibí desde el primer momento en que te vi. Querida Vanessa, acepto este calvario porque te lo mereces. Después de una espera tan cruel, seré el hombre más feliz del mundo cuando lea las preciosas palabras que me dediques. Mi dulce princesa, no me respondas hasta que me consideres digno. Me persigues. Cuando estés lista. Sueño contigo. Sueño contigo, día y noche.

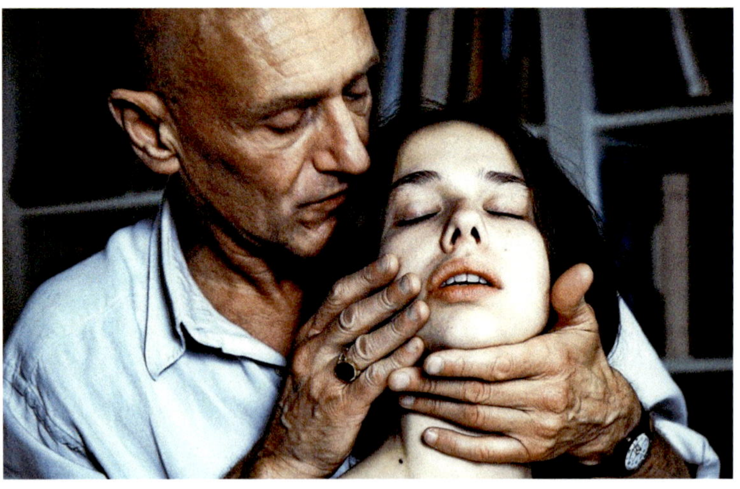

Vanessa siempre ha querido ser escritora y la fama literaria de Matzneff hace que se sienta halagada, especial:

> *"Cómo puede un hombre así haberse fijado en mí".*

Vanessa sufre de ansiedad y miedo por si Mazneff se da cuenta que ella es aburrida y de que no es lo suficiente para él, hasta el punto de que tiene que ser hospitalizada. Vanessa le pregunta:

> *–Cuando sea mayor, ¿me seguirás queriendo?*
>
> *–Gracias a mí, serás joven eternamente. Porque he tomado una gran decisión, Vanessa. Voy a escribir una novela inspirada en nuestra relación. Será el gran testigo de nuestro amor estelar y de mi existencia reformada por los hermosos ojos de una niña de catorce años. Ella se llamará Allegra. Él se llamará Nil. Aún no tengo más, pero habrá giros de guion y suspense. Lo imaginaremos juntos. Sí... Allegra, Nil.*

La representación en el *film* del encubrimiento de la madre (Laetitia Casta) y de los círculos intelectuales en que los que se mueve y a los que lleva a su hija, es cruelmente acertada. Pero si hay una escena fundamental, que muestra la complicidad de toda una sociedad, la de uno de los países más ilustrados del mundo, con la pederastia, es aquella en que Vanessa y su madre ven en la televisión un episodio real del mítico y respetado programa literario de la televisión pública francesa *Apostrophes* de 1990, cuyo invitado era Gabriel Matzneff. Éste, que fue convocado para hablar de su recién publicado libro *Mes Amours Décomposés*, en el que relataba sus múltiples y simultáneas aventuras amorosas con adolescentes de trece o catorce años, era presentado por Bernard Pivot como un verdadero profesional de la seducción y "coleccionista de jovencitas":

> *–Si hay un verdadero maestro de educación sexual, es Gabriel Matzneff. Está encantado de dar clases y lo hace personalmente. ¿Por qué se especializa en estudiantes de secundaria y chicas jóvenes? Si tienen más de veinte años es obvio que ya no le interesan.*
>
> *–Nunca he tenido éxito con mujeres de veinticinco, treinta o más años. Las mujeres que ya han tenido muchos hombres en su vida tienden a endurecerse porque los hombres son generalmente egoístas o cobardes, ¿verdad? Así que prefiero tener personas en mi vida que aún no se hayan endurecido, que sean más amables. Una chica muy joven es bastante más simpática, aunque muy pronto se vuelva histérica e igual de loca que cuando es mayor.*
>
> *–Eres todo un coleccionista de jovencitas. Haces balance de tu tiempo.*

El presentador lee un pasaje de su libro:

> *Estoy en plena forma, y mi vida amorosa lo atestigua. Tres conquistas, en tres días consecutivos, de tres desconocidas, entre ellas, dos vírgenes Marie-Angès, Aude y Brigitte S., con la que hice el amor en todos los sentidos, casi sin interrupción.*

Ante las risas y las loas de Pivot y del resto de los invitados, la periodista y escritora canadiense Denise Bombardier interviene, contestada por Matzneff:

> *–Creo que en realidad vivo en otro planeta. Señor Matzneff me parece lamentable. En este país la literatura tiene una especie de aura, en este país la literatura, entre comillas, se utiliza como coartada para este tipo de confesiones. No sólo eso, sino que lo que nos cuenta el señor Matzneff en su libro, que es aburridísimo –la repetición es aburridísima–, se nos acaba cayendo de las manos...*
>
> *–Querida señora, no se ponga así de agresiva...*
>
> *–El señor Matzneff nos dice que sodomiza a niñas de catorce, quince años, que esas niñas están locas por él. Sabemos que las niñas*

pueden estar locas por un hombre que tiene cierta aura literaria. A algunos hombres mayores les gusta atraer a los niños con caramelos, al señor Matzneff con su reputación. Pero lo que no sabemos, es cómo se las arreglan después estas chiquillas de catorce o quince años, que no sólo fueron seducidas, sino que fueron sometidas a lo que en las relaciones entre adultos y jóvenes se conoce como un abuso de poder. Creo que estas niñas están marchitas, y la mayoría de ellas puede que lo estén para el resto de sus vidas.

–Por suerte para usted, soy un hombre cortés, porque realmente me parece una locura hablar como acaba de hacerlo.

–Seguro que le parece una locura, estoy convencida de ello.

–En primer lugar, usted no ha leído mi libro, lo ha hojeado. En este libro hay encuentros de amor y seducción mutua. Soy lo contrario de un machista, no soy un tipo que obliga a nadie a hacer nada. Las chicas de catorce años tienen edad suficiente para enamorarse. Se enamoran de un hombre que no es un monstruo de fealdad, que es relativamente culto, que está bastante bien educado, que puede ser muy amable y que puede hacerlas muy felices. Le prohíbo que haga ese tipo de juicios.

–La literatura no puede servir de coartada, hay límites incluso para la literatura.

Debido a la austeridad de su puesta en escena, la astucia de sus diálogos y, sobre todo, la asombrosa actuación de sus dos intérpretes principales, Kim Higelin y Jean-Paul Rouve, el *film* de Filho es una turbadora denuncia de la pedofilia y del silencio ensordecedor que la rodeó durante muchos años en Francia.

La película termina con una frase que Springora incluye en el prólogo de su libro: "*Llevo muchos años dando vueltas en mi jaula, albergando sueños de asesinato y venganza. Hasta el día en que la solución se presenta ante mis ojos como una evidencia: atrapar al cazador en su propia trampa, encerrarlo en un libro"*. El silencio de Vanessa Springora durante décadas adquiere por fin en la palabra, en la literatura, su mejor restitución. La víctima emplea la misma arma que su agresor para denunciarlo a él y a la generación que enarboló el lema "prohibido prohibir" en nombre de una malentendida libertad.

En el mismo año 2021, la jurista Camille Kouchner, vuelve a agitar a la sociedad francesa con la publicación de su libro *La familia grande,* en el que denuncia a uno de los pensadores contemporáneos más relevantes de Francia, Olivier Duhamel, su padrastro, de abusar sexualmente de su hermano gemelo Victor cuando ambos tenían catorce años. Su madre, Évelyne Pisier, era una destacada profesora de ciencias políticas, feminista, y amante ocasional de Fidel Castro. Su padre, Bernard Kouchner, un ex maoísta, cofundador de Médicos Sin Fronteras y, en años posteriores, ministro de gobierno. Gran parte del libro tiene lugar en la mítica casa de verano de Duhamel, Sanary, donde las paredes estaban cubiertas con carteles de mayo del 68, el vino fluía y sus amigos discutían sobre política, filosofía y literatura junto a la piscina. Camille Kouchner establece un paralelismo entre su "familia grande" y la del mundo intelectual de izquierdas de la Francia posterior a mayo del 68, que pronto se convirtió en la élite política del país.

El libro denuncia el ambiente de permisividad de ese momento, donde, en nombre de la liberación sexual, cualquier límite en el ámbito de la sexualidad era rechazado por represivo. En ese contexto, la iniciación al sexo de los menores de edad, incluso en el seno de la familia, no planteaba demasiados reparos. De hecho, Kouchner afirma que tanto su madre como personas cercanas pertenecientes a ese ámbito intelectual conocían la situación y guardaron silencio. En el libro cita que su madre le dijo en una ocasión que hacer el amor cuando tienes doce años constituía una verdadera "libertad".

Otra película reciente sobre el mismo asunto es *Little Girl Blue* (2023), de la cineasta franco-marroquí Mona Achache. Se trata de un ensayo documental en el que la directora trata de reconstruir la vida de su madre, la fotógrafa Carole Achache, para entender el porqué de su suicidio a los 63 años de edad, en 2016. Y para ello se sirve del archivo de fotografías, cartas, grabaciones, notas... heredado de su madre y de la magnífica interpretación de la actriz Marion Cotillard, que se enfunda literalmente en la ropa, el pelo y la voz de Carole para revivirla. Comprometida con el juego escénico de la suplantación, la boca de Cotillard se mueve al son de la voz original de Carole en las grabaciones de sus entrevistas y confesiones íntimas, a la vez que aparece rodeada de proyecciones con imágenes de la vida despreocupada de los clubs de Sant Germain de Près en el París de los años sesenta y setenta del pasado siglo.

Carole Achache es la hija de la escritora y editora de *Gallimard,* Monique Lange, casada en segundas nupcias con Juan Goytisolo, y habitual del círculo de intelectuales de la talla de William Faulkner, Marguerite Duras, Marcel Camus, Jorge Sempún y Jean Genet. En una escena en la que una periodista pregunta a Carole (Marion Cotillard) sobre su infancia se produce la siguiente conversación:

> *–Crecer en un ambiente así, tener una madre como la tuya, fue todo un golpe de suerte. ¡Menuda oportunidad! Los años cincuenta en París. Monique Lange era el ojito derecho de la zona rica de la capital y Marguerite Duras, a la que conocía bien, era su equivalente en la zona bohemia.*

> *–Qué tiempos aquellos: política, literatura, debates, bebiendo y fumando por la noche. Y, en ese contexto, los niños tenían que buscarse la vida. Sí, y era obvio, ya fuera por mi madre o por Duras, que realmente querían que disfrutásemos de esta especie de dicha, como la llamaba Duras, y de pasión. Y también hay que pensar que, después de la guerra, en estos círculos existía ese deseo de libertad que era al mismo tiempo loco y necesario. En definitiva, muchísima gente dio la espalda con rabia a la guerra y se lanzó a vivir. Creo que eran mucho más libres de lo que fuimos nosotros en 1968 porque eran mucho más valientes. Por lo tanto, los niños teníamos que aprovecharlo.*
>
> *–Pero también había que adaptarse, y para un niño eso significaba no tener una vida de niño, sino ya, desde muy pequeño, tener una vida de adulto.*
>
> *–No sabía cómo era la vida de otros niños. Así eran las cosas y la verdad es que tuve mucha suerte porque recibí una formación maravillosa. Así que, personalmente, no creo que esa madurez precoz fuera algo malo. Pero también es cierto que jugar, lo que se dice jugar, no jugábamos mucho en casa.*

Jean Genet ejercía una gran influencia sobre Monique hasta el punto de que abusaba sexualmente de su hija Carole desde que ésta tenía once años con su aprobación. Hay una escena en que Carole habla con Samuel, un antiguo amigo de la familia:

> *–¿Crees que mi madre lo sabía? Que Genet me había… ¡Quiero decir, es grave!*
>
> *–No lo sé. No puedo asegurarlo, la verdad.*
>
> *–Acabé robando, delinquiendo y eso. Era lo único que sabía hacer.*
>
> *–Sí lo sé. También era un manipulador nato.*
>
> *–Totalmente. ¿Por qué dejó mi madre que me juntara con él?*

> *–Sentía tal admiración por Genet que habría hecho cualquier cosa. Sí, cualquier cosa. Es de locos.*
>
> *–Sí.*

Las consecuencias de la pederastia, abiertamente apoyada por la élite de la izquierda parisina moldeada por el espíritu contestatario de mayo del 68, tuvo consecuencias nefastas sobre las vidas de los hijos de esta generación. En el caso de Carole, la suya fue un viaje autodestructivo en el que la dedicación a su vocación como fotógrafa fue alternada con relaciones personales tormentosas, el consumo de drogas y el ejercicio de la prostitución –aunque no tenía necesidades económicas–, hasta su dramático final.

> *Viví una auténtica dicotomía. Tenía varias vidas y no conseguía conciliarlas pero, al final, era imposible no incorporar mi vida de puta a mi vida de hija de intelectuales. Si analizo mi actitud durante aquellos años veo que estaba siguiendo un camino hacia la autodestrucción.*

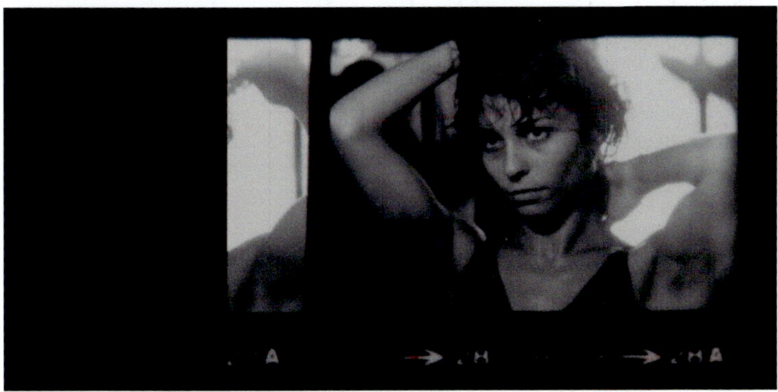

En la película, Mona Achache desvela que, durante una estancia en la casa que Juan Goytisolo tenía en Marrakech, ella misma fue abusada sexualmente por el hombre que era la pareja *de facto* de éste, Amir, cuando solo tenía catorce años. Ni Juan Goytisolo ni su madre hicieron nada al respecto. En palabras de la propia Mona:

> *Tengo recuerdos felices de mi infancia, de nuestras visitas frecuentes a la casa de Juan en Marrakech, donde viví la mitad del tiempo. A los trece años descubrí que Juan era gay y comprendí mejor a Amir, a quien conocía de toda la vida y que vivía en la casa con*

su hermano y su familia. En el corazón de la medina esta felicidad imperecedera era inherente a la servidumbre de Amir hacia Juan y, por extensión, hacia nosotros. Evidentemente, me encantaba esta etapa marroquí de mi infancia. Adoraba a mi abuelo y viceversa. Pero cuando cumplí 14 años en uno de nuestros viajes a Marruecos, Amir empezó a entrar en mi habitación todas las noches y no podía decirle que no. Al contártelo (a su madre Carole) te derrumbas y me dices que sabías que me pasaría a mí, que a ti también te había pasado. Porque las mujeres de nuestra familia estamos malditas. Más tarde, Juan eligió la comodidad de su vida en Marruecos con Amir e hizo caso omiso de mis confesiones sugiriéndome que me mantuviera en silencio. No le hice caso y rompí mi relación con él para salvar la que él tenía con Amir. Pero descubro que tú sigues viéndote con Juan, repitiendo las ambigüedades de tu madre. Eres incapaz de sacrificar tu relación con Juan pese a los abusos que había sufrido tu hija.

El *film* de Mona Achache es un ajuste de cuentas con su madre Monique pero, también, y sobre todo, con un período de la historia de Francia.

Desde el punto de vista del consentimiento sexual, es evidente que el enfoque defendido por los herederos del mayo del 68 conllevaría que el *sí* de Vanessa Springora, o el silencio de Victor Kouchner y de Carole Achahe legitimase la actuación de sus agresores. Springora estaba enamorada de Matzneff, confiesa haber sentido, incluso, deseo sexual por él; los hermanos Kouchner adoraban a su padrastro; Carole afirma que tuvo la suerte de mantener conversaciones maravillosas con Jean Genet. En ninguno de los tres casos hubo violencia física o coacción y, sin embargo, hubo una agresión atroz, la peor de las agresiones, porque el consentimiento sexual en el caso de estos menores es un consentimiento plenamente inválido. En abril de 2021, el Parlamento francés fijó la edad de consentimiento sexual en los quince años, dieciocho en el caso de incesto, por debajo de la cual las relaciones sexuales que estos mantengan con adultos son constitutivas del delito de violación, eliminando la exigencia presente hasta esa fecha en el Código Penal de que existiera "violencia, coacción, amenazas o sorpresa"[64].

Aunque el cine ha solido fijarse más habitualmente en las relaciones adulto-menor cuando el primero es un hombre, quizás porque el número de éstas es mayor, también lo ha hecho cuando la persona adulta es una mujer. Así, en 2023 se estrenó *May December* (*Secretos de un escándalo)*, una película de Todd Haynes. Veinte años después de su célebre romance, Gracie Atherton-Yu (Julianne Moore) y su marido Joe (Charles Melton), 23 años menor que ella, dejan que la actriz Elizabeth Berry (Natalie Portman) les visite y les entreviste en su casa, para preparar el personaje de Grace, en la

64 LOI n° 2021-478 du 21 avril 2021, visant à protéger les mineurs des crimes et délits sexuels et de l'inceste.

que sería una película sobre el pasado del matrimonio. Dicho pasado es la historia real de una pareja, Mary Kay Letourneau y Vili Fualaau, que iniciaron una relación sentimental y sexual cuando ella era una maestra de primaria de un suburbio de Seattle de treinta y cinco años, y él su estudiante de doce. Mary fue condenada a siete años y medio de prisión por el delito de "violación de un menor en segundo grado", que tipificaba el contacto sexual con una persona menor de catorce años cuando el acusado es al menos cinco años mayor que la víctima. Al salir de la cárcel ambos se casaron y formaron una familia con las dos hijas que ella había tenido antes de entrar y estando ya en la cárcel.

La presencia de Elisabeth en la casa del matrimonio y sus conversaciones con Joe ponen de manifiesto las heridas enmascaradas, pero igualmente traumáticas, para la psique de un hombre que ha sido objeto, desde que era un niño, del accionar manipulador de una mujer adulta:

> *–La gente me ve como a una víctima o algo así. A ver, llevamos casados casi 24 años ya, en fin... ¿por qué seguiríamos si no fuéramos felices?*
>
> *–Cierto.*
>
> *–Yo era diferente de los demás niños, de la gente que me rodeaba y las chicas nunca fueron... pero ella fue tan... ella me entendía.*
>
> *–Ya.*
>
> *–Yo lo quise. No sé.*
>
> *–¿Qué dijeron tus padres?*
>
> *–Nunca hablamos del tema. Mi padre siempre estuvo muy centrado en su trabajo y mi madre murió cuando yo tenía 20 años, así que nunca llegamos a analizarlo.*
>
> *–Lo siento.*
>
> *–No es... es difícil imaginar cómo habría ido la conversación, la verdad.*
>
> *–Eras muy joven y eras el centro de atención.*

Gracie emplea un chantaje afectivo que hace que Joe se sienta obligado a estar con ella como un matrimonio feliz, cuando en realidad no lo es, haciéndose gradualmente consciente del abuso sexual y psicológico al que fue sometido. Esta última conversación del *film* reproduce, en parte, la entrevista que dio el matrimonio

Fualaau en 2017, dos años antes de que Vili le pidiese a Mary el divorcio[65]:

> *–Mi pequeño, ¿por qué te sientes mal?*
>
> *–No es... no me siento mal... solo intento decir... ¿y si no estaba preparado para tomar ese tipo de decisiones? ¿Qué pasaría? ¿Por qué? Los niños... ¿Qué significaría eso?*
>
> *–No entiendo lo que dices.*
>
> *–Digo: ¿y si era demasiado joven?*
>
> *–Bueno, pero... me sedujiste.*
>
> *–Pero yo tenía trece años.*
>
> *–No me vengas con esas.*
>
> *–Pero los tenía.*
>
> *–Me da igual la edad que tuvieras. ¿Quién llevaba las riendas?*
>
> *–¿Qué?*
>
> *–¿Quién mandaba? ¿Quién llevaba las riendas? ¿Quién llevaba las riendas?*
>
> *–Solo intento hablar de ello.*
>
> *–No. Es por culpa de la película.*
>
> *–Y ni siquiera me escuchas.*
>
> *–Es por llevar a Elizabeth por ahí... todo el día, todos estos días...*
>
> *–¡No se trata de la película, joder!*
>
> *–Yo he sido muy comprensiva, pero empiezas a agobiarme.*

65 https://www.youtube.com/watch?v=7mowKsGWuW4&t=1258s

> *–No has sido nada comprensiva. ¿Por qué no podemos hablarlo? Si estamos tan enamorados como decimos y eso lo tenemos tan claro, ¿no debería poder hablar de esto contigo?*
>
> *–¿Si estamos tan enamorados como decimos?*
>
> *–Gracy, ya me entiendes.*
>
> *–¡No!*
>
> *–Necesito que me ayudes. Ayúdame, lo necesito.*
>
> *–¿Si estamos tan enamorados como decimos?*
>
> *–Necesito que me ayudes por favor.*
>
> *–¿Si estamos tan enamorados como decimos?*

Dos películas francesas, una de 1987 y otra de 2023, relatan la historia de dos mujeres que en su madurez entablan relaciones con un niño de catorce y un joven de diecisiete años respectivamente. La primera es *Kung-fu master*, de Agnès Varda, protagonizada por su íntima amiga, la actriz y cantante Jane Birkin, y los respectivos hijos de ambas: Charlotte Gainsbourg, hija en la vida real de Birkin, que interpreta también a su hija en la pantalla, y el niño del que se enamora Birkin, Mathieu Demy, que es el propio hijo de Varda. Ésta creó una historia delicada, más afectuosa que sensual, más sentimental que carnal, a partir del sueño que le había contado Birkin. Una historia que atiende más al deseo inesperado de una mujer madura, a la libertad de amar y a la penalización impuesta por ello que a las consecuencias de tales actos sobre alguien que carece de capacidad suficiente para determinar su consentimiento sexual. Catherine Breillat, por su parte, parece querer dar una bofetada al espíritu del *Me Too*, con *L'Été dernier,* un relato, fundamentalmente carnal, sobre una mujer que manipula y maltrata psicológicamente a Théo, el hijo de su marido, con quien se entrega a un placer sin frenos.

De acuerdo con lo expuesto, a la ojos de la legislación española y también de la francesa actual, la relación sentimental/sexual que presenta Varda sería una agresión sexual en tanto en cuanto el consentimiento del menor de catorce años es inválido. En el caso del Théo de Breillat, sus diecisiete años condicionan que la agresión sexual pudiera derivar, en su caso, no de su edad sino del prevalimiento que existe en una relación claramente asimétrica en virtud de la relación familiar, por un lado, y de la gran diferencia de edad entre él y la mujer de su padre, por otro.

Otra ficción audiovisual relevante en el ámbito de la relación entre profesores y alumnos, donde no cabe descartar los casos en que la capacidad de influencia del primero sobre el segundo derive de su autoridad moral, intelectual, etc, es *A Theacher* (2023). Se trata de una serie de diez episodios dirigida por Hannah Fidell que narra la relación de Eric Walker con Claire Wilson, su profesora. Aunque el joven ya ha cumplido los dieciocho años y, por tanto, estaría excluida cualquier responsabilidad penal por parte de ella, hay un par de escenas donde se ponen en evidencia las consecuencias negativas que para la persona más joven puede tener este tipo de relaciones. En el episodio quinto, se produce la siguiente escena entre la profesora y su compañera de trabajo en el instituto, Kathryn:

> *–Claire, es tu alumno.*
>
> *–Ya lo sé. Pero tiene 18 años. Y estamos… estamos enamorados.*
>
> *–Es tu alumno.*
>
> *–Espera, Kathryn. Escucha, deja que me explique, ¿vale?*
>
> *–Esto es como un abuso de poder monumental.*

–Tú no… no lo entiendes. Hablemos de esto, por favor. Yo… Él es un adulto. ¿Vale? Tiene 18. No es un abuso. Tenemos una relación de verdad. Nos queremos el uno al otro.

–Para. No quiero escucharlo.

–Él está por encima de la edad de consentimiento.

–Es un niño.

En el episodio diez, en su escena final, Eric y Claire hablan en una cafetería muchos años después de que terminase su relación:

–¿Por qué me has escrito?

–Quería hacerlo desde hace años. Me siento como una cobarde. No te imaginas cuántas veces he pensado en contactar contigo para pedirte perdón y sé que debería haberlo hecho. Pero quería que los dos pudiéramos pasar página y me alegré mucho de que pudieras ir a la UT y seguir con tu vida. No quería tirar de ti.

–Yo no continué con mi vida. Nuestra relación me destruyó.

–Lo siento mucho. Mi matrimonio no estaba funcionando y lo destruí porque era la única manera que encontré para acabar con él. No es una excusa. Tú fuiste la víctima de aquello y yo no debería haber dejado que ocurriera. Yo quebranté mi rol como educadora y no debería haber traicionado esos límites. Debería haberte parado. No debería haberte dejado besarme. Yo debería haber… debería haberte rechazado.

–¿Eso es lo que crees que ocurrió?

–Tú entraste en la clase y me besaste, pero yo debería haberlo terminado ahí.

–Tú aceptaste tutorizarme. Tú me llevaste a UT. Tú insististe en que te llamara Claire. Tú me sacaste del baile y me dijiste que me sentara en el asiento de atrás del coche.

–Yo nunca quise que hicieras algo que no quisieras hacer.

–Estás en estado de negación. ¿Sabes cuánto tiempo me costó comprender que yo no fui el responsable, que tú eras la que creaba esos momentos? ¿Sabes cuánto tiempo me he odiado a mí mismo porque pensaba que yo te había hecho daño a ti? Perdí años, Claire. Vi a mi hermano el otro día, ahora tiene 17 años. La misma edad que tenía yo. Parece tan jodidamente joven. Yo solo era un niño, Claire.

–Lo sé, lo sé. Y ahora que soy madre, saber que hice eso… no puedo comprenderme a mí misma. Me ha llevado mucho tiempo aprender

a cómo vivir con ello. Todos los días pienso en lo que debería haber hecho distinto. Solo quiero que estés bien.

–Es una broma, ¿no? Me has llamado hoy porque estás harta de sentirte culpable. Te he visto, he visto tus fotos, tu familia perfecta, tu gran casa…

–Mi vida no es perfecta. Sí, he tenido suerte. He encontrado un marido que por razones que nunca comprenderé no me juzga como lo hace otra gente. Pero no puedo conseguir trabajo, no puedo ir a las tutorías de padres y alumnos, la forma en que me miran los otros padres… es tan fácil como buscarme en Google. Estoy a un click de la ruina. Es un infierno.

–Sigues haciendo que esto gire sobre ti.

–No, espera. Eric, por favor.

–Yo nunca estaré a un click de esto, Claire. Tengo que vivir con esto para siempre. Y tú también.

El Joe de *May December*, el Théo de *L'Été dernier*, o el Eric de *A Teacher*, tienen diecisiete y diez y ocho años, lo que les convierte en titulares de su autonomía sexual con plena capacidad para consentir y, a su vez, son personas dañadas, cuyas experiencias sentimentales y/o sexuales con mujeres que les doblan la edad dejan en ellos una huella traumática que condiciona completamente su futuro. Y es que una relación consentida acorde a la legalidad puede generar traumas que deriven, no solo de la importante diferencia de edad, sino de múltiples factores, pues la sexualidad es uno de los espacios donde el ser humano más se expone al otro a nivel físico y emocional. Pero los traumas no pueden conducir a nadie a un banquillo. La línea entre un acto éticamente problemático y un acto penalmente punible debe ser clara.

8.2. ¿Débito sexual afectivo?

Uno de los imperativos culturales de género más arraigados durante décadas es el que ha mantenido a la mujer bajo la obligación moral de contentar los deseos sexuales del hombre dentro del matrimonio o de la pareja. Además del sentimiento de deber, la existencia de un desequilibrio de poder basado en la dependencia económica respecto del hombre, el sometimiento emocional, o las normas sociales en las que se funda la educación de los implicados, entre otras razones, puede llevar a las mujeres a "ceder" a los deseos sexuales de su pareja masculina sin necesidad de que éste ejerza violencia física para conseguirlo.

Como he señalado anteriormente, el prevalimiento consiste en aprovechar la condición ventajosa de una persona con respecto de otra, que deriva de una posición de superioridad, confianza, prestigio o potestad, para alcanzar su propósito. Cuando dicho prevalimiento se produce en el seno del matrimonio por parte del hombre sobre la mujer, y éste es dilatado en el tiempo, puede darse la normalización de una situación de dominación por parte del primero y de subordinación por parte de la segunda. Esto puede traducirse en el ámbito sexual en que, aun en ausencia de violencia o intimidación, la mujer no opone resistencia, y el autor se aprovecha de ello. El prevalimiento requiere que concurran tres elementos: la existencia de una situación de superioridad manifiesta; que quien la ejerce sea consciente de sus consecuencias; y que éstas consistan en la coerción de la libertad y la limitación la voluntad de la víctima, la cual queda anulada. Por lo tanto, en situaciones de prevalimiento, el consentimiento sexual prestado no es libre y se encuentra viciado. La jurisprudencia del Tribunal Supremo es clara a la hora de establecer que "el prevalimiento tiene como fundamento agravatorio el abuso de superioridad que en el plano moral tiene una persona que pone a su servicio una condición o cualidad que instrumentaliza en su beneficio particular con la finalidad de cohibir la resistencia de la víctima"[66].

La violencia en el seno del matrimonio o de la pareja ha sido ampliamente representada en el cine, siendo distinto el enfoque tradicional al de las más recientes creaciones audiovisuales. Desde las historias que romantizaban la violencia como el "crimen pasional" o el "amor que mata", se pasa a creaciones que reflejan la toma de conciencia por parte de la sociedad de que la violencia también puede darse en el seno de la pareja o el matrimonio. En la actualidad, el cine ha dado un paso más para atender a cuestiones como el carácter viciado de determinados *sies* pronunciados bajo el supuesto "deber moral" que recae sobre la esposa o pareja en favor del hombre.

El tema principalmente reflejado en las películas de finales del siglo XX y principios del XXI, era la violencia física y psicológica en el seno del matrimonio. Destaca, por ejemplo, *The Color Purple* (*El color púrpura*) dirigida por Steven Spielberg (1985) y su nueva versión musical estrenada en 2023 y dirigida por Sam Blitz Bazawule, basadas en la novela escrita por Alice Walker. En ella se narra la violencia sexual como parte fundamental de la vida de Celie, una mujer afroamericana que es vendida en matrimonio y que afronta, además, la misoginia, el racismo y la explotación. Del mismo género es *Tina*, dirigida por Brian Gibson en 1993, un *biopic* sobre la vida de la cantante *Tina* Turner cuyo título original –"*What's Love Got to Do with It*"– ya muestra la necesidad de desligar la violencia

66 SSTS 785/2007 de 3 de octubre; 708/2012, de 25 de septiembre; 957/2013, de 17 de diciembre; 834/2014, de 10 de diciembre, 675/2016, de 22 de julio.

del amor. Algunos *films* de la época tienen una estructura cercana al *thriller*, en los que la mujer protagoniza una huida desesperada o se enfrenta a su agresor. Destacan *The burning bed* (*La cama en llamas),* dirigida por Robert Greenwald (1984); *Sleeping with the enemy (Durmiendo con el enemigo)*, de Joseph Ruben (1991); *Breal Up (Atrapada)*, de Paul Marcus (1998); o Enough (*Nunca más)*, de Michael Apted (2002).

En España, al calor de la toma de conciencia que supuso el caso de Ana Orantes, asesinada por su marido en 1997, se modificó la forma en que se informaba sobre y se trataba legalmente la violencia machista, como lo evidencia la aprobación de la Ley Orgánica 1/2004, de 28 de diciembre, de Medidas de Protección Integral contra la Violencia de Género. A partir de entonces se estrenaron varias películas que abordaban la violencia machista en el ámbito de la pareja como un asunto de importancia social y no perteneciente solo al ámbito de lo privado: la película *Solas,* de Benito Zambrano (1999), sobre la violencia sufrida en el seno del matrimonio por una mujer de edad avanzada, magníficamente interpretada por María Galiana; *Sólo mía*, de Javier Balaguer (2001), que atiende a la evolución de la relación de una pareja joven que deviene en violencia machista; y *Te doy mis ojos*, de Icíar Bollaín (2003), sobre el abandono de la casa familiar por la protagonista y su hijo, vislumbrándose de manera progresiva la violencia enmascarada bajo el supuesto gran amor del marido.

En el ámbito de las series, cabe destacar una de las últimas producciones hollywoodienses que pone el foco en la violencia machista y sexual dentro del matrimonio: la conocida *Big Little Lies* (2017), producida y protagonizada por Resee Witherspoon, y adaptada de la novela del mismo nombre escrita por Liane Moriarty. La serie narra las historias de tres mujeres en Monterrey, un pueblo adinerado de la costa californiana, cuyas vidas se ven alteradas por un asesinato ocurrido durante un evento para recaudar fondos de un colegio de primaria. Una de ellas, Jane, –interpretada por Shailene Woodley–, es madre soltera de un niño producto de una violación perpetrada por un desconocido con el que se reencuentra; otra de ellas, Celeste Wright, –interpretada por Nicole Kidman– vive una relación tóxica y de violencia en su matrimonio. Las agresiones de su marido suelen acabar en encuentros sexuales violentos a los que ella se niega en un principio, pero de los que luego participa activamente y que identifica como deseados.

Pero la creación audiovisual más interesante de los últimos años sobre el vicio del consentimiento sexual en el seno de la relación afectiva es, sin duda, la reciente serie española *Querer*, dirigida por Alauda Ruiz de Azúa (2024), en la que Miren –interpretada por una deslumbrante Nagore Aramburu– denuncia a su marido por violación después de tres décadas de matrimonio.

El Tribunal Supremo español ha declarado en su sentencia 544/2022, de 1 de junio, que no puede interpretarse que existe consentimiento sexual en la pareja cuando, no habiendo resistencia manifiesta, existe un clima de sujeción y dominación. Por lo que la mera pasividad o el "dejarse hacer", que denota una actitud sumisa y conformista, no implica consentir válidamente por la víctima. De forma que, la actitud pasiva de ésta no puede ser interpretada como una aceptación sino como la reacción lógica ante "situaciones de terror doméstico prolongado en el tiempo"[67].

En el primer Capítulo de *Querer*, hay una escena fundamental en la que Miren acaba de confesar a su hijo Aitor –pues su otro hijo Jon, que también está presente, ha sido el primero en saberlo– que ha denunciado a su padre, Íñigo:

> *–(Aitor) Si él te grita a ti es violencia de género, pero si tú le gritas a él no pasa nada. ¿Te das cuenta de la tontería que estás diciendo? ¿no? No tiene ningún sentido, ama. ¿Quién te ha comido la cabeza?*
>
> *–(Jon) Aitor, que le hables bien.*
>
> *–(Aitor) Jon, se han gritado siempre los dos, ¿sí o no?*
>
> *–(Miren) Aitor, yo no lo he denunciado por gritarme.*
>
> *–(Aitor) Vale, porque nunca te ha pegado. No te ha pegado, ama.*
>
> *–(Miren) No.*
>
> *–(Aitor) Entonces, concretamente, ¿qué has puesto en la denuncia?*
>
> *–(Jon) Ama, no hace falta que digas nada si no quieres…*
>
> *–(Aitor) Jon, es tu aita, por favor.*
>
> *–(Jon) También es tu ama y no la dejas ni hablar, ni la escuchas…*

67 Un estudio de esta Sentencia puede verse en García Romero, María (2022): "Violencia sexual en el matrimonio: Comentario de la Sentencia del Tribunal Supremo de 1 de junio de 2022", *Revista General de Derecho Penal*, 38, pp. 1-27.

–(Aitor) Que te calles, Jon, que estás que estás en mi casa y no tienes, te aseguro, ni idea…

–(Miren) Por violación. Por violación. En la denuncia se expone cómo vuestro padre me ha violado reiteradamente durante veinte años. ¿Querías saberlo? Pues ya está, ya lo sabes.

–(Aitor) Joder. Ama, estabais casados. Estáis casados todavía…

–(Miren) Sí, claro.

–(Aitor) ¿Entonces?

–(Miren) ¿Entonces? Lo hacía estando casados.

–(Aitor) ¿Te forzaba?

–(Miren) Sí.

–(Aitor) ¿Te cogía? ¿te agarraba?

–(Miren) No.

–(Aitor) ¿No? ¿Te forzaba sin cogerte, entonces?

–(Miren) Sí. Yo no quería.

–(Aitor) Vale, ¿y le decías que no querías?

–(Miren) Yo no quería.

–(Aitor) ¿Lo decías?

–(Miren) Él sabía que yo no quería, eso se ve.

–(Aitor) ¿Por qué no se lo decías? ¿Por qué no te negabas?

–(Miren) Cariño, porque tenía miedo de tu padre.

–(Aitor) Ama, ¿Cómo va a saber aita que no quieres si no se lo dices? ¿Cómo va a saber…?

–(Miren) ¿Tan difícil es creerme y ya está? Aitor, ¿tan difícil es? Por favor.

–(Aitor) ¿Te estás tomando algo? ¿Te has cambiado las pastillas o algo?

–(Miren) Aitor, no voy a responderte a nada más.

–(Aitor) Muy bien.

La misma Sentencia señala que "nuestro sistema constitucional de derechos fundamentales, basado en la preeminencia de la dignidad humana y el libre desarrollo de la personalidad, rechaza radicalmente toda concepción contractualista del consentimiento sexual dentro del matrimonio, de tal modo que por contraerlo se presuma que se presta un consentimiento automático y perpetuo para mantener relaciones sexuales". La denuncia presentada por Miren ante la policía es leída en voz alta por su hijo Jon ante su padre y su hermano por insistencia del primero:

> *–"Tercero: así mismo el señor Gorosmendi, estableció unas rutinas sexuales entre él y la señora Torres, según las cuales ambos mantenían relaciones sexuales los viernes y los sábados de forma regular..."*
>
> *–Sigue. Sigue.*
>
> *–En caso de no ser así, el señor Gorosmendi se convertía en una persona hostil, tanto a nivel verbal como su corporalidad.*
>
> *–No te oigo, no te oigo, joder. ¿Tú le oyes? ¿Oyes lo que dice? Lee más alto, por favor.*
>
> *–Siendo que cualquier cosa que pasara con los niños y dentro del hogar le desencadenaba un estado furia. De modo que se respiraba un clima de terror e inseguridad en el hogar. Y por este motivo la señora Torres se veía obligada a..., yo no voy a seguir leyendo esto.*
>
> *–Y por este motivo la señora Torres se veía obligada a satisfacerlo sexualmente, en las noches en que él convenía adecuadas para ello, el señor Gorosmendi obligaba a la señora Torres a dormir desnuda, él la rodeaba con sus brazos, la besaba y pocos segundos después, sin ningún estímulo previo y sin importarle el dolor que le provocaba a la misma, la penetraba repetidamente hasta la eyaculación. Ella se mantenía inerte hasta el final. Él no detenía nunca la penetración a pesar de la actitud manifiestamente no activa de*

ella, así mismo, algunas mañanas el señor Gorosmendi la despertaba cuando ya la estaba penetrando. Esta conducta sexual solo se veía modificada si la menstruación de la señora Torres coincidía el fin de semana. Cuando era el caso, el señor Gorosmendi evitaba la penetración y obligaba a la señora torres a mantener sexo oral o anal". Bueno... y así sigue y sigue...

Por su parte, la Sentencia del Tribunal Supremos 159/2017, de 14 de marzo, dice que: "cuando aprovecharse de la situación de superioridad es el medio empleado para coartar la libertad de la víctima, no se obtiene un consentimiento como tal, se le impide manifestar una negativa o se limita su capacidad de oposición. El autor a sabiendas de que la otra persona no va a oponer resistencia ni se va a negar a las relaciones las lleva a cabo". Durante el desarrollo del juicio, la abogada de la acusación interroga a Miren:

–¿La obligaba el señor Gorosmendi a mantener relaciones sexuales?

–Sí.

–¿Existía una rutina establecida?

–Sí. Dos veces por semana, viernes y sábado. Yo tenía que dormir sin ropa interior.

–¿Durante cuánto tiempo?

–Prácticamente todo nuestro matrimonio.

–¿Qué ocurriría si usted estaba indispuesta o enferma?

–Eso daba igual.

–¿Y si se negaba?

–Entonces se ponía de malhumor, furioso. Los castigos se intensificaban para mí y para mis hijos, por ejemplo, no ingresaba dinero en la cuenta, había estallidos de ira, gritos por cualquier motivo o desaparecía durante días.

–¿Creía usted que podía negarse a satisfacer sexualmente al señor Gorosmendi?

–No.

–¿Se veía obligada a satisfacerlo sexualmente para evitar que el señor tipo de violencia y ya fuera material o psicológica?

–Sí.

–¿La forzó el señor Gorosmendi a mantener relaciones sexuales, a pesar de que usted le manifestó su malestar físico?

–Durante el posparto de mi primer hijo. A mí me habían practicado una episiotomía y, bueno, tenía muchísimo dolor, tenía puntos, pero él insistía, insistía, insistía y al final acabamos practicando sexo anal a pesar de yo decirle que no me encontraba bien.

–¿En alguna otra ocasión?

–Sí, hace cuatro años cuando me diagnosticaron las lesiones vaginales que he mencionado antes.

–¿Se lo comunicó al señor Gorosmendi?

–Sí, se lo expliqué, pero a él le dio igual.

–¿Como expresó su negativa a mantener la relaciones?

–Le dije que me dolía, que tenía mucho dolor, que no lo soportaba.

–Y, ¿cuál fue la respuesta de su exmarido?

–Ninguna, continuó.

–¿Dormían en la misma cama?

–Sí.

La libertad sexual de la mujer casada o en pareja no se encuentra limitada por el vínculo afectivo, no existiendo débito conyugal alguno. Ahora bien, a mi juicio, solo cabe la sanción de las conductas sexuales en el seno de la pareja cuando éstas se construyen y se desarrollan en el marco del sometimiento y la dominación de una de las partes, hasta el punto de verse impedida de decidir por sí misma, lo que le provoca humillación, degradación y un fuerte menoscabo de su dignidad. En los casos en que concurran todos los requisitos del prevalimiento, –que es el que ejerce sobre Miren el Íñigo de *Querer*–, el *sí* concedido por la persona subyugada es inválido.

8.3. El juego sucio del dominio

En su importante e influyente libro *Sexual Harassment of Working Women: A Case of Sex Discrimination*, de 1979, MacKinnon enfatizaba que el acoso sexual es un abuso de poder que ocurre en un contexto de desigualdad estructural entre hombres y mujeres, no solo un mal comportamiento individual de determinados hombres.

Según ella, existen dos tipos de acoso sexual: el llamado "*quid pro quo*", que es aquel en el que un superior condiciona los beneficios laborales de una trabajadora (ascenso, aumento de sueldo, etc.) o amenaza con consecuencias negativas para ella (como el despido) a la obtención de favores sexuales; y el "ambiente hostil", que se da cuando el comportamiento sexual no deseado crea un ambiente laboral intimidatorio, degradante u hostil que afecta al rendimiento y bienestar de la trabajadora. Las tesis de MacKinnon fueron fundamentales para la inclusión del acoso sexual en las leyes antidiscriminatorias por razón de sexo.

Si bien el acoso sexual puede ser sufrido tanto por hombres como por mujeres, las víctimas habituales son estas últimas dada su mayor subordinación jerárquica profesional y su mayor inestabilidad en el empleo. La desproporción con la que afecta a las mujeres es tal que las legislaciones nacionales e internacionales consideran que el acoso sexual es una manifestación de la violencia contra la mujer por razón de género.

Hablar de acoso sexual en el ámbito laboral en España es hablar del caso de Nevenka Fernandez, que fue pionera al denunciar en el año 2000 a un político por este delito: su jefe, el alcalde de Ponferrada por el Partido Popular, Ismael Álvarez. En el año 2024, la directora Icíar Bollaín llevó la historia de esta concejala de veinticuatro años a la gran pantalla a través de un retrato fiel de los hechos que incluye diálogos del juicio que son una translación de los aparecidos en los medios de comunicación de la época. La película de Bollaín vino precedida por la serie documental *El caso Nevenka* (2021), dirigida por Maribel Sánchez-Maroto, en la que la propia Nevenka, veinte años después del juicio y habiendo tenido que marcharse a vivir a Inglaterra, rompe su silencio y reconstruye su propia historia. En ella narra cómo, en un primer momento, el alcalde y ella comenzaron una breve relación: *"sentía una mezcla entre pena y también sentía un poco de admiración hacia él, porque me parecía que era una buena persona"*. Pero al poco tiempo se dio cuenta de que no era lo que ella quería y se lo dijo. A partir de entonces comenzó lo que Nevenka califica de *"auténtico infierno"*: Álvarez adoptó medidas como bajarle el sueldo para impedir que pudiera pagar su hipoteca y que su casa tuviera que ser embargada, o denostarla en las reuniones y en los plenos del ayuntamiento degradando su trabajo y ridiculizándola frente al resto.

Durante ese tiempo el alcalde pasó de proponer a Nevenka encuentros sexuales a, como explica su psicoanalista en la serie, *"provocarlos"*. Utilizaba su poder y la complicidad de su entorno de confianza para crear situaciones como llevarla a solas en coche a la boda de la hija de otro concejal esquivando al resto de compañeros, o reservar una sola habitación de hotel en un viaje de trabajo y obligarla a compartirla con él. En la escena de la película de Bollaín que recrea esta situación Álvarez dice:

> *–¡Nevenka! ¿Me perdonas? ¡Cómo eres! Lo siento si me he comportado un poco mal, lo siento y te pido perdón. Los amigos se perdonan. Eres muy orgullosa. Tienes mal carácter. No sabes perdonar, Quenka. No sé por qué no quieres que nos acostemos. Yo te quiero.*

Nevenka llora y tiembla en su cama. Ismael se aproxima y se tumba en la cama de ella rodeándola con el brazo.

> *–Quenka, no seas estrecha.*

Él le obliga a tocarle y se masturba. Ella se queda quieta sin apenas poder respirar.

En otra ocasión, Ismael reservó habitaciones de hotel comunicadas por una puerta interior para sorprenderla en medio de la noche. En una de las escenas del juicio se produce el siguiente diálogo con el fiscal:

> *–No me había dado cuenta de que las habitaciones estaban comunicadas y él entró de repente.*
>
> *–¿No ha dicho usted que había una sola habitación?*

–No eso fue en Logroño, el día de la boda. Eso es otro viaje, en Valladolid. Él entró de repente, y yo le dije que se fuera, que estaba muy cansada. Y él me dijo que los amigos podían pasar un rato juntos después del trabajo. Yo me acosté en una de las camas y él se acostó a mi lado y yo no podía moverme.

–¿Y por qué no se marchó?

–Porque no podía moverme.

–Y, ¿qué se lo impedía? ¡Coge usted y sale por la puerta!

–No podía moverme, él estaba ahí a mi lado y quería irme, pero él estaba ahí, yo no podía moverme.

–¿Pero por qué aguantó usted? ¿Por qué pasó usted por ese calvario? ¿ese sufrimiento que nos ha estado relatando a lo largo de todo el día de hoy? ¡Qué se le han saltado en innumerables ocasiones las lágrimas! ¡Usted no tenía por qué aguantar eso! ¡Usted no es la empleada de Hipercor que le tocan el trasero y tiene que aguantar porque es el pan de sus hijos!

–Me estaba jugando mi dignidad.

–¿Su dignidad?

–Me estaba jugando mi dignidad.

–¿Pero qué dignidad?

–Ellos querían que me marchara como si hubiera hecho algo malo, como si fuera una incompetente. ¡Yo no podía permitir eso!

–Uno se marcha si tiene dignidad y luego denuncia.

–Eso es lo que hice.

–Sí, pero no cuando estaba usted pasando por todo ese sufrimiento que nos ha relatado ¿eh? Ese calvario, esos viajes que eran tan dantescos. ¡Usted esperó meses desde que pasó eso!

El fiscal del Tribunal Superior de Justicia de Castilla y León, José Luis García Ancos, fue finalmente retirado del caso por acoso en el interrogatorio, ya que trató a Nevenka como si fuera la acusada. Sus palabras representan cómo eran las cosas a principios de la década de los 2000 en las instituciones y en la sociedad española en su conjunto. El escritor Juan José Millás, que escribió en 2004 la historia de Nevenka en su libro *Hay algo que no es como me dicen. El caso de Nevenka Fernández contra la realidad,* afirma en el documental que ésta había ganado el juicio penal pero no el juicio social. Visto con perspectiva, esta afirmación decae pues Nevenka abrió una grieta en el sistema, y las cosas comenzaron a cambiar desde su caso.

Tanto es así que el acoso sexual, a día de hoy, es una conducta sancionada desde el punto de vista laboral y penal, y la repulsa que este tipo de comportamientos produce en una sociedad cada vez más concienciada ha llevado al legislador penal español a elevar recientemente la pena asignada a este tipo delictivo. A través de la reforma operada por la Ley Orgánica 10/2022, "el que solicitare favores de naturaleza sexual, para sí o para un tercero, en el ámbito de una relación laboral, docente o de prestación de servicios o análoga, continuada o habitual, y con tal comportamiento provocare a la víctima una situación objetiva y gravemente intimidatoria, hostil o humillante será castigado, como autor de acoso sexual, con la pena de prisión de seis a doce meses o multa de diez a quince meses e inhabilitación especial para el ejercicio de la profesión, oficio o actividad de doce a quince meses" –párrafo primero del artículo 184 CP–. Además, "si el culpable de acoso sexual hubiera cometido el hecho prevaliéndose de una situación de superioridad laboral, docente o jerárquica, o sobre persona sujeta a su guarda o custodia, o con el anuncio expreso o tácito de causar a la víctima un mal relacionado con las legítimas expectativas que aquella pueda tener en el ámbito de la indicada relación, la pena será de prisión de uno a dos años e inhabilitación especial para el ejercicio de la profesión, oficio o actividad de dieciocho a veinticuatro meses" –párrafo segundo del mismo artículo–.

Otra obra audiovisual relevante en esta materia es *Bombshell (El Escándalo),* película dirigida por Jay Roach (2019), que cuenta con las actrices Charlize Theron, Nichole Kidman y Margot Robbie en el papel de las tres periodistas –Megyn Kelly, Gretchen Carlson y Kayla Pospisil, respectivamente– que decidieron denunciar por acoso sexual al fundador y director de *Fox News,* Roger Ailes en 2016. Esto dio pie a una investigación en la que aparecieron más denuncias por acoso sexual que terminó con su despido por parte del dueño de la cadena Rupert Murdoch.

Un primer tipo de acoso laboral es aquel en que existe una situación de prevalimiento que conlleva el abuso o aprovechamiento de la situación de superioridad que coloca a una víctima, a su vez, en una posición de correlativa inferioridad o de subordinación y de dependencia. En *El Escándalo* hay una escena en la que Brian Wilson, jefe de la oficina de *Fox News* en Washington, habla con su subordinada, la periodista Rudi Bakhtiar, en el vestíbulo de su hotel para decirle que la convertirá en corresponsal a tiempo completo en Washington, que era el trabajo de sus sueños:

> *–Mi primera decisión como corresponsal jefe será que te quiero aquí a tiempo completo.*
>
> *–¡Madre mía! Eso es genial, sí.*
>
> *–¿Sabes lo que significa para ti?*
>
> *–(Joder no creo que esté preparada). Brian, trabajaré a destajo para ti.*
>
> *–Rudi, eso ya lo daba por hecho.*
>
> *–(pues qué problema hay).*
>
> *–Pero, oye, ¿entiendes lo que siento por ti? ¿verdad?*
>
> *–(Joder, joder, joder, joder). Qué bien que lo hayas dicho Brian porque yo también te admiro mucho.*

–No, hablo de… lo que realmente siento.

–(Hazte la loca).

–Lo único que quiero de ti, Rudi, es que me enseñes tu habitación de hotel.

–(No me jodas).

–Solo necesito eso.

–(No reacciones, asume tu culpa). Brian, si he hecho algo para que asumas que siento eso por ti, lo lamento muchísimo. (amigos). ¡Somos amigos! (profesionales). Con una gran química profesional. (Convéncelo). Yo no hago eso, no para conseguir un trabajo.

–Lo sé.

–Ya sabes que mataría por esto, pero no voy a enseñarte mi habitación. (Esto será el fin de mi carrera).

–Parezco un pervertido.

–No, no para nada. (Puto pervertido).

Después aparece una escena en la que Rudi habla por teléfono mientras recoge las cosas de su mesa de oficina:

> *–Me han despedido. Por lo visto soy mala reportera. ¡Cabrones!*

El segundo tipo de acoso sexual es el que se produce a través de una advertencia expresa o tácita de causar a la víctima un perjuicio relacionado con sus expectativas en el ámbito laboral. Cuando Gretchen Carson, presentadora de *Fox News*, decide denunciar a Roger Ailes, se produce la siguiente conversación con sus abogados en un despacho:

> *–¿Llegó a ofrecerle revertir esa decisión si se mostraba sexualmente disponible?*
>
> *–No directamente, con Roger todo se basa en la lealtad, te dice que puede arreglar las cosas si eres leal y ya pueden suponer a lo que él llama lealtad.*
>
> *–No suponemos.*
>
> *–Sexo oral. A Roger le gusta bromear "para prosperar la tienes que mamar". En serio.*

–Pero el señor Ailes, ¿pide sexo oral tan claramente?

–Siempre era una broma, una ofensa: "eres sexy, pero das pereza". A ver, tengo una lista gigante aquí, porque así es como se comporta Roger.

En los casos de acoso sexual, el consentimiento prestado por la víctima bajo el abuso de una situación de superioridad o de vulnerabilidad continuada no impide calificar la conducta como agresión sexual según la legislación vigente. Kayla Pospisil, una joven periodista que quiere prosperar y aparecer en antena, habla por teléfono con Jess, su amiga y compañera de trabajo, sobre el encuentro que tuvo con Ailes para hablar sobre sus ideas y su futuro en *FoxNews*:

–Es que, es que no puedo llamar a nadie más y necesito que alguien me diga que eso es lo que debo hacer.

–Pues, claro que sí. Es un bufete externo y se lo están tomando muy en serio.

–Vale, genial. Gracias.

–¿Qué pasó?

–Lo hice, lo hice, cedí con él.

–Lo siento mucho.

–Me hablaba, no para de hablar y me decía "buena chica y ahora dame lo que quiero. ¡Gánate el pan!".

–Joder.

–Ni siquiera se desabrochó, no se le ponía. Me siento tan sucia.

–No Kayla, tú no hiciste nada malo. Lo siento.

–Tengo que irme.

Otra película sobre un asunto similar es *She Said* (*Al descubierto*), de Maria Schrader (2022), que narra la investigación periodística que sacó a la luz los abusos sexuales llevados a cabo durante años por parte del productor de Hollywood, Harvey Weinstein, contra actrices y mujeres de su entorno laboral. Las periodistas de *The New York Times,* Jodi Kantor, –interpretada por Zoe Kazan– y Meghan Twohey, –interpretada por Carey Mulligan–, trabajaron para reunir la información y los testimonios necesarios para que la historia fuera publicada en 2017.

Este *film* recrea uno de los momentos esenciales para que el movimiento *#MeToo* cobrara fuerza, la publicación del reportaje que destapaba las agresiones y el *modus operandi* de uno de los hombres más poderosos de Hollywood, Harvey Weinstein. La cinta deja ver los entresijos del trabajo periodístico y las dificultades para contactar y tomar los testimonios de las mujeres afectadas. El proceso de esta investigación, que logró el prestigioso premio periodístico Pulitzer, está recogido en el libro de las reporteras Kantor y Twohey titulado *She said* (2019), en el que relatan cómo consiguieron que las víctimas de Weisntein aceptaran participar y prestar su voz a la investigación, logrando una denuncia colectiva.

Una de las escenas del *film* recrea la entrevista que la periodista Jodi Kantor realiza a una de las víctimas de Weinstein, Laura Madden. En ella, el abuso de poder ejercido sobre la joven queda retratado:

> *–¿Cuándo conociste a Harvey Weinstein?*
>
> *–Poco después. Iba a trabajar directamente para él, haciendo recados, respondiendo llamadas. Me alegré mucho de que me lo pidieran. Era encantador, decía que había oído que yo trabajaba mucho. Estaba emocionada. Tenía 21 años, ¿sabes? Era muy joven, pero*

muy entusiasta. Así que cuando dijo que me iba a dar un trabajo fijo en la oficina de Londres me sentí muy feliz.

–¿Dijo eso en la reunión?

–Sí. Llevaba un albornoz cuando abrió la puerta, pero pensé que quizás eso era algo muy de Hollywood. Al poco de hablar, preguntó si le daría un masaje. Dije que no. Fue muy práctico, dijo que no es una petición romántica, que todo el mundo lo se lo daba. "Es parte del trabajo". De pronto pensé que el problema era yo, que yo era la que estaba sexualizándolo. Que era joven y estirada. Así que puse mis manos en sus hombros, pero no podía moverlas por su cuerpo. Me quedé ahí, mis manos no se movían. Y después dijo que él me iba a dar un masaje a mí primero, para relajarme. Y dijo: "mira, todas las chicas lo hacen, solo es trabajo". Y después dijo: "quítate la camiseta", muy práctico, "quítate el sujetador". Y lo hice. Estaba aterrada, pero solo pensé "pásalo". Y después me quité los pantalones, él estaba de pie sobre mí masturbándose. Le pedí que me dejara, pero él continuó pidiendo diferentes cosas y después sugirió una ducha y yo me levanté. Él continuó masturbándose. Yo lloraba, estaba sollozando, el agua caía y él seguía masturbándose. Después se enfadó. Creo que mi llanto era tan fuerte que le hizo desistir y salió del baño, y yo cerré el pestillo. Podía escuchar al otro lado de la puerta los sonidos de cómo se masturbaba. Al final, volví a la habitación. Cogí mi ropa y mis pertenencias y corrí. Corrí calle abajo. Nunca había corrido tanto en mi vida.

–¿Cómo te sientes ahora?

–Siento que aquello dictó la dirección que tomó mi vida. Pensé que había sido un error de juicio enorme que me marcó a mí y a todas mis decisiones. Sentí tanta vergüenza por dejarle hacer eso.

–¿Pensabas que le había hecho lo mismo a otras chicas?

–Pensé que debía haberlo intentado pero que ellas habrían dicho "no". Es como si él me hubiera quitado la voz ese día, justo cuando estaba a punto de encontrarla.

El *film* de Schrader muestra, además, las dificultades que enfrentaron las periodistas al investigar al magnate de Hollywood, puesto que su poder le permitía tener una barrera de profesionales y allegados que le protegían. Tras la publicación del reportaje el 5 de octubre de 2017, ochenta y dos mujeres interpusieron alegaciones contra el productor, quien fue sentenciado a dos penas de prisión, una de 16 años de cárcel, –condenado por un tribunal de Los Ángeles como culpable del cargo de violación y acoso sexual–, y una de 23 años de prisión, –condenado por un Tribunal del estado de Nueva York que ha sido revocada–.

Vuelvo un momento a la película *El Escándalo* para señalar que el 5 de julio de 2007, el abogado de la periodista de *Fox News*, Rudi Bakhtiar, escribió al medio diciendo que ésta había sido despedida ilegalmente, citando un ambiente hostil de acoso sexual. El caso pasó a mediación confidencial y Barry Asen, el abogado de Ailes, escribió una carta al mediador para refutar las tres alegaciones de Bakhtiar:

> *La supuesta invitación de Wilson a tomar unas copas y a tener una aventura consentida no hizo que el lugar de trabajo de Bakhtiar fuera sexualmente hostil en parte porque ni siquiera se hizo en el lugar de trabajo. Fox News no puede ser responsable de acoso sexual quid pro quo aunque las acusaciones de Bakhtiar contra Wilson sean ciertas. Wilson no era su supervisor en el momento del acoso. Es cierto que Bakhtiar llevó a cabo una actividad protegida al quejarse del supuesto acoso sexual por parte de Wilson. También es cierto que sufrió una acción materialmente adversa, es decir, que su contrato fue rescindido. No obstante, no puede demostrar una relación causal entre su queja y la rescisión de su contrato.*

En España, la reciente Ley Orgánica 10/2022, introduce una novedad muy relevante con respecto a la responsabilidad de las empresas en materia de acoso sexual. El nuevo artículo 184.5 del Código Penal les impone la obligación de custodiar la integridad moral y sexual en el seno de su organización. De modo que, sobre el órgano de administración y los mandos con capacidad de decisión de la entidad, recae un deber de diligencia y de prevención del acoso que exige adoptar las medidas necesarias para prevenirlo y, en caso de no poder hacerlo, un deber de resolución con la mayor brevedad posible, respetando siempre a la víctima y sancionando a quien acosa. No adoptar dichas medidas supone, por tanto, una infracción del ordenamiento jurídico que, de reunir todos los elementos del tipo, se podría sancionar vía penal con una pena de multa de seis meses a dos años. Por lo que, con la legislación vigente, la responsabilidad penal que puede generar una situación de acoso sexual en el ámbito laboral, va más allá de quien lo realiza y se extiende a la persona jurídica en la que se trabaja[68]. Con este nuevo paradigma *Fox News*, si estuviera radicada en España, hubiera sido responsable penalmente –y no solo civilmente, que es lo habitual en Estados Unidos–, por el acoso sexual sufrido tanto por Rudi Bakhtiar como por el que da cuenta en el *film* el diálogo que mantiene la periodista Gretchen Carson con su abogada:

> *–Nadie sale ganando al demandar a Fox News. Nuestra experiencia nos dice que cuando lo haga público en su sector nadie más la contratará. Si es capaz de aguantar en la Fox, consiga más pruebas y tal vez pueda demandar al mismísimo Ailes, en vez de a la cadena.*
>
> *–Por eso estoy aquí, porque Martin Hayman me dijo que aquí en Nueva Jersey puede evitar el arbitraje al demandar a Roger Ailes, personalmente. Dice que ha cambiado la ley y que podríamos reunir a otras mujeres y demostrar un patrón.*
>
> *–¿Habrá más mujeres que den la cara?*
>
> *–Las habrá.*

Finalizo con una escena fundamental de *Al descubierto* en la que se celebra una reunión en una sala del *New York Times* entre las dos

68 Un estudio más exhaustivo de dichas novedades puede verse en Muñoz Ruiz, Josefa (2024): "Acoso sexual en el trabajo y responsabilidad penal de las personas jurídicas tras la Ley Orgánica 10/2022", *Estudios De Deusto*, 72 (1), pp. 229-70, https://doi.org/10.18543/ed.3106.

periodistas que han realizado la investigación –Jodi Kantor y Meghan Twohey– junto con la editora del periódico, Rebecca Corbet, y el abogado de Weinsten:

> *–(Meghan Twohey) Estamos investigando un comportamiento problemático de Weinstein con las mujeres.*
>
> *–(Abogado) Vale, Harvey niega rotundamente cualquier alegación de violación o agresión, nada criminal. Pero es consciente de las quejas sobre su trato hacia las mujeres y está trabajando en ello. Los hombres poderosos de generaciones de una generación anterior están cambiando su entendimiento del significado de la palabra "consentimiento", por qué las mujeres no creen que haya consentimiento incluso si un hombre se convence de que sí lo hay.*
>
> *–(Meghan Twohey) ¿Quieres ampliar eso?*
>
> *–(Abogado) Creo que hay una historia que contar sobre la evolución de los hombres y de Harvey, en particular, en este aspecto.*
>
> *–(Rebecca Corbet) ¿Estaría dispuesto a hablar de ello?*
>
> *–(Abogado) Tiene que lidiar con su mujer y sus hijos, antes de nada.*
>
> *–(Meghan Twohey) Usted insiste en que la acusación de violación de Rose McGowan es falsa. ¿Por qué?*
>
> *–(Abogado) ¿Se lo contó a alguien inmediatamente? ¿Mostró alguna señal de malestar?*
>
> *–(Meghan Twohey) Se lo dijo a su mánager y a un abogado.*
>
> *–(Abogado) Harvey sabía que había un problema con Rose, pero no que ella le acusaba de violación. Así que marqué una línea en la palabra "violación" y cualquier cosa por debajo de eso... él era consciente de la preocupación.*
>
> *–(Jodi Kantor) ¿De qué tipo?*

–(Meghan Twohey) Si las preocupaciones no eran por violación, ¿sobre qué eran?

–(Abogado) La única forma en la que puedo responder es: una sensación de explotación debida a esa relación desigual de poder. Hay coerción mental que no es coerción física. Lisa Bloom ha estado trabajando con Harvey para ayudarle a identificar la diferencia.

–(Meghan Twohey)¿Lisa Bloom?

–(Abogado) Sí.

–(Meghan Twohey) Si a Harvey se le hubiera informado de las preocupaciones de McGowan en ese momento, ¿cómo hubiera respondido?

–(Abogado) Creo que tenía negociaciones legales con ella.

–(Meghan Twohey) ¿Cómo describiría esas negociaciones legales?

–(Abogado) Creo que él fue consciente de que ella no consideraba que lo que pasó estuviera bien. No hablo de violación. Hablo del efecto que él tuvo en Rose McGowan y en vez de pelear...

–(Meghan Twohey) En vez de pelear, ¿qué?

–(Abogado) Creo que ha llegado a un acuerdo en lugar de litigar lo que podría haberse litigado. Como Harvey lo vio, era mejor llegar a un acuerdo, aunque no hubiera hecho nada malo.

–(Meghan Twohey) Prefirió acordar. ¿Hubo otros casos de relaciones íntimas cuestionables con mujeres en los que Weinstein haya llegado a un acuerdo?

–(Abogado) Digamos que, por ahora, tengo que averiguar cuáles son mis límites legalmente, aunque en el fondo esté confirmando esos acuerdos. Pero la respuesta es sí, los ha habido".

Es innegable que el Íñigo de *Querer*, el Ismael Álvarez de *Nevenka*, o el Harvey Weinstein de *Al descubierto*, tratan de eludir su responsabilidad penal apelando a los estereotipos de género, en este caso relacionados con su avanzada edad: Íñigo dice que el suyo era un *"matrimonio chapado a la antigua"*, el abogado de Weinstein dice que éste pertenece a una *"generación anterior y que hoy está cambiando el entendimiento del significado de la palabra consentimiento"*. Ambos defienden que no ha existido violación porque no ha mediado violencia física sino solo poder. Sin embargo, la distinción entre violencia y poder carece de relevancia jurídica en los casos citados, porque la superioridad que otorga el ejercicio de dicho poder a estos tres hombres ha provocado un fuerte menoscabo de la dignidad de sus víctimas.

¿Pero el poder y la violencia son equiparables siempre y en todo caso? Esta es una cuestión que late desde el principio en las líneas del presente libro y que enfrenta, cómo no, los postulados de las feministas radicales y los de las feministas *pro-sex*: la diferencia, si es que la hay, entre la "violencia" (física o psicológica, que comprende la intimidación) y el "poder", y sus consecuencias sobre el consentimiento sexual. Tema que está latente, también, en la discusión entre las posturas de quienes defienden la necesaria regulación de la sexualidad y quienes, por el contrario, mantienen tendencias anti-punitivistas.

Anatomía de la violencia y el poder

"Hoy en día, los profesores casados con sus antiguas alumnas dan un poco de lástima. Antes eran ciudadanos respetables –líderes en sus campus, jefes de departamento, quizá incluso un decano o dos– y ahora son abusadores de poder *avant la lettre*". Así comienza el artículo titulado "Sexual Paranoia Strikes Academe", publicado en 2015 en la Revista *The Chronicle of Higher Education* por la profesora de la Escuela de Comunicación de la Universidad *Northwestern* de Chicago, Laura Kipnis. Con él respondía al correo electrónico que había recibido un año antes por parte del equipo directivo de su Universidad con el que se informaba a la comunidad universitaria de la nueva normativa en el campus en materia de acoso sexual: a partir de ese momento, las relaciones –de noviazgo, románticas o sexuales– entre estudiantes universitarios y miembros del profesorado de Northwestern quedaban prohibidas, y las relaciones entre licenciados y personal docente debían comunicarse a los jefes de departamento por resultar problemáticas. La justificación de dichas prohibiciones residía, según la normativa, en las grandes diferencias de poder institucional por parte del profesorado y en el riesgo inherente de coacción. Normativas similares han sido adoptadas por universidades tan prestigiosas como Yale, Harvard, Columbia, Stanford y Oxford.

En el código de conducta de la Facultad de Medicina de Harvard se establece lo siguiente:

"Las relaciones románticas consensuales que podrían ser apropiadas en otras circunstancias tienen peligros inherentes cuando ocurren entre cualquier miembro del cuerpo docente, compañero u oficial de la Facultad y cualquier persona sobre la que tenga una responsabilidad profesional, por ejemplo, como profesor, asesor, preceptor o supervisor. Tales relaciones son fundamentalmente asimétricas y se consideran poco profesionales en virtud de esta política porque, entre otras cosas, pueden crear una impresión dentro de la comunidad de Harvard de ventaja académica o profesional inapropiada o injusta o favoritismo que puede ser destructivo para el entorno de aprendizaje o de trabajo. Dependiendo de las circunstancias, tales relaciones también pueden considerarse un abuso de autoridad.

Los profesores, becarios y directivos de la Facultad deben ser conscientes de que cualquier relación sentimental con estudiantes, otros becarios, colegas de menor antigüedad o miembros del personal sobre los que tengan una responsabilidad profesional les hace susceptibles de denuncia y de acciones formales. Incluso cuando ambas partes hayan consentido inicialmente tal relación, es la persona de mayor rango la que, en virtud de su responsabilidad especial, es responsable de la relación poco profesional o del abuso de autoridad. Si se desarrolla una relación sentimental en este contexto, la persona en posición de mayor autoridad (ya sea como supervisor, profesor, preceptor o asesor) debe notificarlo inmediatamente al director de Recursos Humanos o al decano de Asuntos Académicos para que evalúen la situación y se aseguren de que se establezcan mecanismos alternativos de notificación o evaluación"[69].

El artículo de Kipnis, que le valió la denuncia de dos estudiantes por "creación de un ambiente hostil", decía: "Si esto es feminismo, es feminismo secuestrado por el melodrama. La obsesión de la imaginación melodramática con las víctimas indefensas y los depredadores poderosos es lo que está dando forma a la conversación del momento, en detrimento de aquellos cuyos intereses están supuestamente siendo protegidos, es decir, los estudiantes. ¿Cuál es el resultado? La sensación de vulnerabilidad de los estudiantes se está disparando. Los nuevos códigos que se extienden por los campus estadounidenses no solo son una sorprendente restricción de la libertad de todos, sino que también son intelectualmente vergonzosos. Reina la paranoia sexual; los estudiantes son casos de trauma en potencia. Si se quisiera producir una ciudadanía pacificada y acobardada, este sería el método. Y en ese sentido, todos somos víctimas". Dos años más tarde Kipnis publicó el libro *Proposiciones no deseadas: la paranoia sexual llega al campus* (2017), en el que argumenta que los campus estadounidenses se están viendo atrapados en la histeria del acoso sexual y que hay pocas formas mejores de subyugar a las mujeres que convencerlas de que la agresión está a la vuelta de la esquina.

Es evidente que la legislación en materia de violencia sexual ha acogido, también en España, muchas de las doctrinas del feminismo radical que, a partir de la idea de que en una sociedad desigual no

69 https://hr.hms.harvard.edu/working-hms/policies-procedures/unprofessional-relationships-abuse-authority

hay posibilidad de elección libre y autónoma para las mujeres, rechazan la validez del consentimiento otorgado en contextos donde hay asimetría de poder. Las corrientes del feminismo disidente, por su parte, critican que toda relación sexual donde hay desigualdad de poder esté necesariamente viciada, porque las mujeres pueden ejercer su autonomía incluso en dichas situaciones. De forma que, en los escenarios en que concurre la violencia física (o fuerza), la coacción o la intimidación, está claro que se vulneran las condiciones del consentimiento y éste no puede surtir efecto alguno, pero la desigualdad o el poder –diferencias de estatus, recursos o autoridad–, no son, *per se*, circunstancias que determinen su vicio. Rechazan, así, la idea de que el poder deba ser analizado desde una perspectiva puramente estructural –el carácter patriarcal de la sociedad–, y apelan a la necesidad de atender al poder situacional en cada relación específica.

Una de las autoras fundamentales de este sector es la jurista y teórica feminista y profesora de la Universidad de Harvard, Janet Halley que, en su obra *Split Decisions, How and Why to Take a Break from Feminism* (2008), analiza cómo las posturas del feminismo radical han conducido a un punitivismo excesivo que criminaliza interacciones sexuales que no deberían considerarse coercitivas[70]. Ella fue una de las principales críticas de las nuevas normativas de las instituciones de educación superior, incluido el código de conducta sexual de su propia universidad, Harvard, afirmando que no todas las relaciones profesor-alumna o jefe-empleada son coerci-

70 Halley, Janet (2008): *Split Decisions, How and Why to Take a Break from Feminism*, New Jersey: Princeton University Press.

tivas por defecto, pues el "poder estructural" no anula de manera automática la capacidad de elección.

En España Clara Serra, recuerda que, según Butler, el "error trágico" de Catherine Mackinnon fue equiparar el poder con la fuerza, porque, "en ese caso, la violencia sexual se vuelve jurídicamente imposible de delimitar y, por tanto, la expansión penal es imparable". Y añade, "si las diferencias de edad vulneran las condiciones para consentir, ¿por qué no lo hacen otras diferencias como la de clase, o el color de la piel?, condiciones que también ubican a la persona en una situación de desventaja o de inferioridad de poder". Hacer de la ausencia total de poder la condición necesaria del feminismo para legitimar o permitir el sexo nos aboca a una reglamentación moralista de la sexualidad, dirá Butler[71]. En la misma línea, Tatjana Hörnke afirma que las vulnerabilidades económicas y sociales pueden crear considerables presiones psicológicas y, desde el punto de vista moral, puede ser reprochable si otro explota esto en miras a obtener un beneficio sexual. En el ámbito del Derecho, sin embargo, se debería evitar el perfeccionismo moral[72].

Por su parte, penalistas como Paz Lloria advierten del uso desmesurado, no solo social o mediático sino también jurídico, del término "violencia" para referirse a fenómenos que no son identificables sólo con el uso de medios de coacción física (o moral). Esta autora previene de que la cuestión no es baladí en la medida en que se identifican con violencia no solo acciones delictivas (aunque no tengan que ver con el uso de la fuerza), sino todo tipo de com-

71 Serra, Clara, op. cit, p. 58.
72 Hörnle, Tatjana, op. cit, p. 214.

portamientos discordantes con la moral o la ética, estableciéndose una equivalencia entre violencia y transgresión de la norma social: "Esta tendencia implica un abandono del carácter de *ultima ratio* del derecho penal y su naturaleza secundaria y una manifestación más del populismo punitivo que impera en la sociedad actual, con el consecuente abuso del instrumento penal como remedio para cualquier conflicto de intereses"[73]. Tendencia sin duda presente en la desaparición del concepto de "abuso" sexual y la unificación bajo el término "agresión" de toda conducta contraria a la libertad sexual operada por la Ley Orgánica 10/2022. Ello implica, como bien explica Lloria, desatender por un lado, al medio empleado para obtener el consentimiento –el abuso de posición de superioridad o vulnerabilidad de la víctima y la violencia física o la intimidación– y, por otro, la distinción entre bienes jurídicos afectados por uno y otro tipo de conducta: la libertad sexual exclusivamente, en el primer caso; y ésta más la vida, la salud y la integridad, en el segundo[74].

Frente a la tendencia expansionista del concepto de "violencia sexual" se pronuncia igualmente el penalista Enrique Gimbernat, que rechaza de plano que pueda tratarse jurídicamente igual dos supuestos materialmente desiguales, pues, según él, "no es equiparable que el autor consiga tener acceso carnal con una mujer en un descampado, después de agredirle físicamente, o bajo la amenaza

73 "La Ley Orgánica 8/2021, de 4 de junio, de protección integral a la infancia y a la adolescencia frente a la violencia y la transformación del Código Penal. Algunas consideraciones", p. 276.
74 A este respecto véase también Lloria, Paz (2023): "El gatopardismo y la reforma del 'solo sí es sí'", *Diario de* Derecho, https://www.iustel.com/diario_del_derecho/noticia.asp?ref_iustel=1230334

de que, si se niega, la estrangulará –un caso inequívoco de agresión sexual (violación) violenta, en el primer caso según el Código Penal anterior a la Ley Orgánica 10/2022, y de violación intimidatoria, en el segundo–, que el comportamiento que lleva a cabo el idolatrado y admirado profesor de 49 años, quien, prevaleciéndose de la autoridad que ejerce sobre su abducida alumna de 18, la accede carnalmente (supuesto indiscutible de abuso sexual). (...) Lo que la Ley vigente hace es equiparar el ataque más brutal imaginable contra la libertad sexual (la violación) con otros también muy graves (los abusos sexuales), pero que no alcanzan a aquélla en su intensidad, porque no se producen empleando fuerza física o psíquica de amenaza con un mal grave. Esta regulación no sólo es equivocada e injusta porque trata penológicamente igual supuestos de hecho desiguales, sino porque está en contradicción con el elemental criterio valorativo –que se entiende por sí mismo– del resto del Código Penal que acude continuamente a la violencia y a la intimidación, en función de si concurren o no, para castigar con una pena mayor o menor la lesión de otros bienes jurídicos penalmente protegidos distintos del de la libertad sexual"[75].

En el nuevo régimen jurídico de la sexualidad en que nos encontramos, la peligrosidad que el sexo supone para las mujeres, según los postulados del feminismo abolicionista, nos sitúa en una posición de vulnerabilidad crónica y, desde ella, toda situación de subordinación, dominación, desigualdad o discriminación deviene "violencia". Negar la capacidad de las mujeres de decir *no* siempre que exista una relación asimétrica supone colocarnos en una

75 Gimbernat, Enrique (2020): "Sólo sí es sí", Diario del Derecho, Iustel, 27/04/2020. (Acceso 11(04/2025)

situación de incapacidad para brindar un consentimiento legítimo, o dotar de capacidad a "otros" –el Estado– para invalidarlo. Ello conlleva la expansión de la categoría de víctima, que incluye en ella a personas que no se reconocen como tales –piénsese en el caso de las trabajadoras sexuales–.

La reconocida catedrática de Derecho y Ética de la Universidad de Chicago, Martha C. Nussbaum, afirmaba en su último libro de 2022, Ciudadelas de la soberbia. Agresión sexual, responsabilización y reconciliación[76], que "la ley no puede examinar cada posible escenario yendo caso por caso, preguntándose si existe una asimetría de poder en cada uno. Lo que sí debe hacer es preguntarse qué relaciones presentan una asimetría de poder inherente". El respeto intelectual que siento por la que fuera galardonada con el premio Príncipe de Asturias de Ciencias Sociales en 2012, no me impide mostrar mi discrepancia. Pues, si bien al análisis sociológico corresponde señalar la desigualdad estructural de género que sigue existiendo en nuestras sociedades, y al ámbito político adoptar las medidas, incluso legislativas, para reparar dicha realidad, al Derecho y, especialmente al Derecho penal, le corresponde un papel distinto, que no es precisamente el de reintroducir visiones tutelares con vocación universalista. Por eso me parece que una ley que comprende la vulnerabilidad sexual como una condición inherente a las mujeres no permite identificar con claridad los escenarios de violencia, que son singulares y no universales, ni reaccionar apro-

76 Nussbaum, Martha (2022): *Ciudadelas de la soberbia. Agresión sexual, responsabilización y reconciliación*, Barcelona: Paidós

piadamente contra ellos. El consentimiento sexual no debe convertirse en un aliado de dicha forma de entender el Derecho.

10 Epílogo

La lluvia cae en el exterior de la cabaña y Ada toca para Baines, éste se acerca por detrás y la besa en la nuca. Ada se detiene sobresaltada:

> *–Ada, espere, espere. ¿Sabe usted negociar? Hay una manera de recuperar su piano, ¿quiere recuperarlo? ¿lo quiere?*

Ella lo mira atenta e incrédula.

> *–Verá usted. Me gustaría hacer un trato. Hay cosas que querría hacer mientras toca.*

Ada se da la vuelta enfadada.

> *–Si usted me dejara se lo devolvería. ¿Qué le parece, una visita por cada tecla?*

Ada rodea el piano pensativa, finalmente le indica que solo deberá recuperar las teclas negras y Baines acepta.

Un plano cenital enfoca a Ada y al piano desde arriba, ella toca... Baines huele su chaqueta, ella para de tocar y le indica que se la devuelva. Él la levanta a la fuerza y la conduce hacia la cama:

> *–Ada, cuatro teclas.*

Ella le indica cinco con la mano.

–Solo quiero que nos tumbemos. Ok, está bien, cinco.

Ella se tumba, él acaricia su espalda y la besa.

En la siguiente visita, Blaines aparece desnudo y le pide que se tumben sin ropa:

–¿Cuántas teclas serían?

Ella le indica diez con las manos. Y él acepta.

Con la Nueva Zelanda del siglo XIX como escenario, la película de Jane Campion (Nueva Zelanda, 1993), narra la historia de Ada McGrath, interpretada brillantemente por Holly Hunter, que es vendida y enviada por su padre desde Escocia a Nueva Zelanda, junto a su hija, para un matrimonio concertado con Alisdair Stewart (Sam Neill). Ada es muda desde la niñez, una metáfora extraordinaria de las restricciones que la sociedad del momento, profundamente patriarcal, imponía a las mujeres. Su talento musical se convierte en una forma de rebelión contra las convenciones sociales de la época en las que las mujeres eran bienes intercambiables, y su piano, en el instrumento a través del cual ejercer su autonomía.

La fotografía de Stuart Dryburgh, que captura los exuberantes y salvajes paisajes de Nueva Zelanda, envuelve la historia en suntuosos colores y texturas. Algo que contrasta con la delicadeza de los planos cortos de Ada, que muestran la suavidad de su piel. La vibrante partitura de Michael Nyman, que incluye el icónico tema para piano *The Heart Asks Pleasure First*, fue creada para el *film* e interpretada realmente por Holly Hunter.

Ada usa sus manos, su cuerpo y su sexo para convenir los términos del trato con Baines y negociar con su marido Stewart. Ejerce su autonomía y consigue lo que desea concertando con su sexualidad y autodeterminándose a través de ella. En una sociedad profundamente desigual y, en el marco de su relación íntima con dos hombres que ejercen su poder sobre ella, Ada impone sus límites.

11 Bibliografía

Antioch College (2018): *Antioch College Student Handbook 66 (2018-2019)*, Disponible en: *https://antiochcollege.edu/wp-content/uploads/migrate/Stud ent%20Handbook%20-%202018.pdf.* (Acceso 11/04/2025)

Avalos, Lisa (2022): "Seeking Consent and the Law of Sexual Assault", *University of Illinois Law Review*, pp. 731-780.

Álvarez Medina, Silvina (2023): "La sexualidad y el concepto de consentimiento sexual", *Doxa. Cuadernos de Filosofía del Derecho*, (47), pp. 349-380.

Angel, Katherine (2021): *El buen sexo mañana. Mujer y deseo en la era del consentimiento*, Barcelona: Alpha Decay.

Bonorino Ramírez, Pablo Raúl (2011): *La violación en el cine*, Colección Cine y Derecho, Valencia: Tirant Lo Blanch.

Breder, Debora (2017): "Louis Malle y la pasión del incesto: Notas sobre El soplo al corazón (Le souffle au coeur) y Obsesión (Damage)", *Cuicuilco. Revista de ciencias antropológicas,* 70, pp. 31-45.

Butler, Judith (2011): "Sexual Consent: Some Thoughts on Psychoanalysis and Law", *Columbia Journal of Gender and* Law, n° 21 (2), pp. 3-27.

Caputi, Sergio (1991): "Interviste a Marco Bellocchio L'arte di provocare", Prima Visione Cinematografica, 4, p. 48.

Cobo Bedía, R. (2024). "El consentimiento y sus sombras patriarcales", *IgualdadES*, 10, pp. 319-335.

Deckha, Maneesha (2007): "Pain, Pleasure, and Consenting Women: Exploring Feminist Responses to S/M and Its Legal Regulation in Canada through Jelineks *The Piano Teacher*", *Harvard Journal of Law & Gender,* 30, pp. 425-459

De la Torre Laso, Jesús (2023): "El consentimiento de las relaciones sexuales. Un análisis de su significado y las variables implicadas", *Revista de*

Estudios Jurídicos y Criminológicos, n.° 8, Universidad de Cádiz, pp. 277-29

De Miguel, Ana (2015): *Neoliberalismo sexual. El mito de la libre elección*, Madrid: Cátedra.

Diez Ripollés, José Luis (2019): "Alegato contra un derecho penal sexual identitario", *Revista Electrónica de Ciencia Penal y Criminología*.

Else-Quest, Nicole. M. y Hyde, Janet (2022): *The Psychology of Women and Gender. Half the Human Experience*, California: Sage Publications.

El País (1991): "El último filme de Bellocchio, atacado en Italia por apología de la violación", 28 de marzo de 1991.

Emmers-Sommer, T. M. (2016): "Do men and women differ in their perceptions of women's and men's saying "no" when they mean "yes" to sex?: An examination between and within gender", *Sexuality & Culture, 20, 373-385.*

Fraisse, Geneviève (2017): *Del Consentimiento*, Santiago de Chile: Palinodia.

Franke, Katherine (2001): "Theorizing Yes: An Essay on Feminism, Law and Desire", *Columbia Law School Scholarship Archive*, 101, pp. 181-208.

García, María Fernanda (2024): "Delitos sexuales y nuevas formas de criminalización. Stealthing: el consentimiento sexual a debate", *Derecho Penal Criminología, 45 (119),* pp. 29-50.

García Romero, María (2022): "Violencia sexual en el matrimonio: Comentario de la Sentencia del Tribunal Supremo de 1 de junio de 2022", *Revista General de Derecho Penal*, 38, p. 20.

Gaumont, "Entretien Yvan Attal", *Dossier prensa*, Unifrance.org: https://medias.unifrance.org/medias/92/175/241500/presse/les-choses-humaines-dossier-de-presse-francais.pdf (acceso: 11/04/2025)

Gimbernat, Enrique (2020): "Sólo sí es sí", *Diario del Derecho, Iustel*, 27/04/2020. (Acceso 11/04/2025)

Halley, Janet (2008): *Split Decisions, How and Why to Take a Break from Feminism*, New Jersey: Princeton University Press.

Hollway, Wendy (1996): "Gender Difference and the Production of Subjectivity", en Jackson, Stevi y Scott, *Sue: Feminism and Sexuality. A reader*, Edimburgo: Edimburg University Press.

Hörnle, Tatjana (2020): "Violación como relaciones sexuales no consentidas", *En Letra: Derecho Penal*, Año VI, 10, pp. 197-217.

Hoven, Elisa y Deyer, Andrew (2020): "Only yes means yes? Aktuelle Entwicklungen im australischen Sexualstrafrecht und Folgerungen für die deutsche Diskussion", *Zeitschrift für die gesamte Strafrechtswissenschaft*, pp. 262-263.

Jozkowski, K. N., Marcantonio, T. L., & Hunt, M. E. *(2017):* "College students'sexual consent communication and perceptions of sexual double standards: A qualitative investigation", *Perspectives on sexual and reproductive health*, 49(4), 237-244.

Kipnis, Laura (2017): *Unwanted Advances: Sexual Paranoia Comes to Campus, Nueva York:* Harper Collins.

Lascuraín Sánchez, José Antonio (2023): "Los nuevos delitos sexuales: indiferenciación y consentimiento. Comentarios a la Ley del «Solo Sí es Sí»: luces y sombras ante La Reforma de los delitos sexuales introducida en la LO 10/2022, de 6 de septiembre". Ed. J. R. Agustina. Barcelona: Atelier, 51-62.

Lloria, Paz (2023): "El gatopardismo y la reforma del 'solo sí es sí'", *Diario de Derecho*,https://www.iustel.com/diario_del_derecho/noticia.asp?ref_iustel=1230334

MacKinnon, Catharine (1979): *Sexual Harassment of Working Women*, Massachusetts: Yale University Press.

MacKinnon, Catharine (1999): *Hacia una teoría feminista del estado*, Valencia: Cátedra.

MacKinnon, Catharine (2023): *Le Viol redéfini. Vers l'égalité, contre le consentement*, Paris: Climats, Flammarion.

Malón, Agustín (2021): *La doctrina del consentimiento afirmativo*, Pamplona: Aranzadi.

Mills, Nicolas (2014): "How Antioch College Got Rape Right 20 Years Ago", *The Daily Beast*, Dec. 10, http://www.thedailybeast.com/articles/2014/12/10/how-antioch-solved-campus-sexual-offenses-two-decades-ago.

Oberman, Michelle, (2013): "Two Truths and a Lie: In re John Z. and Other Stories at eh Juncture of Teen Sex and the Law", *Law & amp*; Social Inquiry, Vol. 38, 2, pp. 364-402.

Pineau, Lois (1989): "Date Rape: A Feminist Analysis", *Law and Philosophy* 8, no. 2, pp.: 217-43.

Quintero Olivares, Gonzalo y Portilla Contreras, Guillermo (2022): "La reforma de los delitos contra la libertad sexual", *Global Politics and Law*.

Ramos Morales, Michelle (2019): "Neurociencia la capacidad de consentimiento sexual del menor víctima", *Revista Jurídica Universidad de Puerto Rico*, 88(4), 1170-1203.

Roiphe, Katie (1993): *The Morning After: Sex, Fear, and Feminism*, Canada: Little, Brown & amp; Company Limited.

Romero, María (2022): "Violencia sexual en el matrimonio: Comentario de la Sentencia del Tribunal Supremo de 1 de junio de 2022", *Revista General de Derecho Penal*, 38, pp. 1-27.

Ruiz, Josefa Muñoz (2024): "Acoso sexual en el trabajo y responsabilidad penal de las personas jurídicas tras la Ley Orgánica 10/2022", *Estudios De Deusto*, 72 (1), pp. 229-70, https://doi.org/10.18543/ed.3106.

Serra, Clara (2024): *El sentido de consentir*, Barcelona: Anagrama.

Srinivasan, Amia (2022): *El derecho al sexo. Feminismo en el siglo XXI,* Barcelona: Anagrama, ISBN: 978-84-339-6503-5.

Tannen, Deborah (2013): *You Just Don't Understand. Women And Men In Conversation*, New York: Harper Collins.

Torenz, Rona (2021): "The Politics of Affirmative Consent: Considerations from a Gender and Sexuality Studies Perspective", *German Law Journal*, 22, pp. 718-733.

Vance, Carole S. (1984): "Pleasure and Danger: Toward a Politics of Sexuality", In *Pleasure and Danger: Exploring Female Sexuality*, Carole S. Vance (ed), Boston: Routledge & Kegan Paul, pp. 1-28.

Varela, Cecilia (2023): "Entre la movilización feminista y la administración de la justicia: los contornos del consentimiento sexual en debate", *Pasado Abierto*, Nº 17. Enero-junio de 2023.

Vázquez, José Antonio Ramos (2023): "algunos problemas conceptuales y epistemológicos de la definición del consentimiento sexual en la llamada Ley de "Solo sí es sí", *Teorder*, pp. 231-255.

Willis, M., & Jozkowski, K. N. (2021): "Sexual consent perceptions of a fictional vignette: A latent growth curve model", *Archives of Sexual Behavior*, 1-13.

Witmer-Rich, Jonathan (2016): "Unpacking affirmative consent: not as great as you hope, not as bad as you fear", *Texas Tech Law Review*, 49, 57-88.

Zagarrio, Vito (2005): *Storia del Cinema italiano, 1977-1985*, Vol. XIII, Venezia: Marsilio Editori.

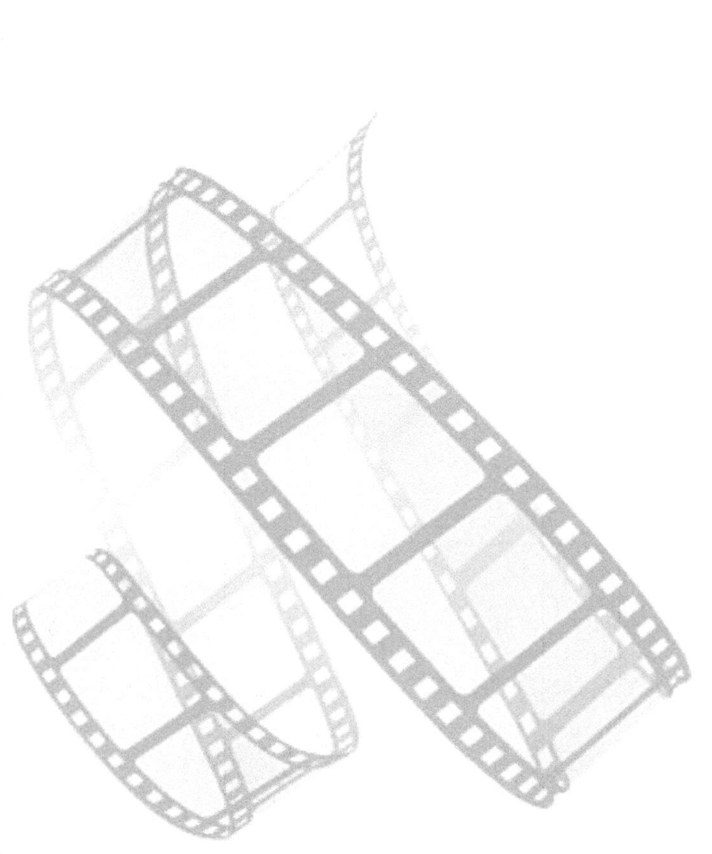

OTROS TÍTULOS DE LA COLECCIÓN

1 *La fábrica y la oficina*, de Juan López Gandía
2 *"El hombre que mató a Liberty Valance"*, de Jordi Nieva Fenoll
3 *La gran apuesta*, de Sergio Nasarre Aznar
4 *Los secretos de estado y la libertad de información*, de Gonzalo Quintero Olivares
5 *El hombre tranquilo*, de Emilio Soler y Mario Martínez
6 *Víctima y el derecho a la no discriminación por diversidad afectivo-sexual*, de Jesús Ignacio Delgado Rojas
7 *Una cuestión de género. Ruth Bader Ginsburg o la lucha por la igualdad*, de Ana Rodríguez Álvarez
8 *La caza. El despertar de la serpiente*, de Quico Tomás y Valiente
9 *El exorcista. ¿Sólo una novela o película de terror?*, de José Mª Contreras Mazarío
10 *Mientras dure la guerra. Miguel de Unamuno y la memoria histórica como derecho humano,* de José Martínez Rubio
11 *La guerra a la vuelta de la esquina. La mirada del cine a Yugoslavia en llamas*, de Chiara Vitucci
12 *La «guerra contra el terroriso», viente años después. Zero Darck Thirty,* de Consuelo Ramón Chornet
13 *La voz más alta*. Ruido mediático, opinión pública y Estado de Derecho, de Beatriz Gallardo Paúls y José Luis Espinosa Calabuig
14 *El buen Derecho*. (O las dos muertes de *David Gale*), de José Manuel Rodríguez Uribes
15 *Las sandalias del pescador*. La soledad del poder. Entre la geopolítica y el Derecho canónico, de Gustavo Suárez Pertierra
16 *El Verdugo*. Un retrato satírico del asesino legal (2ª edición), de Mario Ruiz Sanz
17 *Contagio*, de Miguel Ángel Ramiro Avilés
18 *Sofía Volverá*. La necesidad de nuevos planteamientos jurídicos medioambientales, de Carlos Gil
19 *La razón de estado y el sueño de la razón. Marco Bellocchio: De buengiorno notte a esterno notte*, de Juan López Gandía
20 *La costila de Adán*, Juan Miguel Company Ramón e Ignacio Cort Cañizares
21 *"El último tango en París", un escándalo entre dos siglos*, de Eva Peydró